Christiane Hörbiger

Meine liebsten Weihnachtsgeschichten

Das Buch

Christiane Hörbiger hat seit Jahren ihre liebsten Weihnachtsgeschichten gesammelt.
Es sind fröhliche und hintergründige Geschichten von Sehnsucht und Hoffnung, vom Wünschen, von der Vorfreude und der überraschenden Erfüllung. Von einer Welt, die trotz aller Chaotik wieder in Ordnung gebracht werden kann und in der Güte letztlich die Oberhand gewinnt. Von Kindern, Engeln, Sternen und anderen göttlichen Zeichen. Es sind Geschichten mit oft überraschenden Wendungen, mit wunderbaren Begegnungen, die erfreuen und nachdenklich machen.
Mit Texten u.a. von Muriel Spark, Karl Heinrich Waggerl, Alfred Komarek, Luigi Santucci, Ulrich Knellwolf, Erich Kästner, Ludwig Thoma.

Die Herausgeberin

Christiane Hörbiger, eine der bekanntesten deutschsprachigen Schauspielerinnen, ausgezeichnet mit vielen Preisen und Ehrungen.

Christiane Hörbiger

Meine liebsten Weihnachtsgeschichten

HERDER

FREIBURG · BASEL · WIEN

HERDER spektrum Band 6392

Titel der Originalausgabe: Meine liebsten Weihnachtsgeschichten

ISBN 3-451-28856-7

www.herder.de

Umschlagkonzeption: Agentur R·M·E Roland Eschlbeck
Umschlaggestaltung: Verlag Herder
Umschlagmotiv: © Thomas & Thomas
Herstellung: fgb · freiburger graphische betriebe
www.fgb.de

Gedruckt auf umweltfreundlichem, chlorfrei gebleichtem Papier
Printed in Germany

ISBN 978-3-451-06392-3

Inhalt

CHRISTIANE HÖRBIGER

Vorwort

Mein Vater war Weihnachtsweltmeister. Die Tage vor dem Weihnachtsfest, der Heilige Abend selbst, die Zeit bis zur Ankunft der Heiligen Drei Könige – alles hatte einen wunderbaren Zauber, und alles stand so wunderbar außer Zweifel. Und ich glaube heute, nicht nur wir Kinder, drei Töchter, nein, auch alle anderen standen im Banne dieses Weihnachtszaubers – und sie waren weiß Gott schon lange erwachsen und manche waren älter als der Vater, die Großeltern, die Tanten, der Vetter, die Cousine...

Man denkt, das werde alles so bleiben, und man werde selbst eines Tages diese Stimmung zu schaffen imstande sein, für die eigenen Kinder und für alle anderen, die da mitfeiern und weiß Gott schon lange erwachsen sind, die Großeltern, die Tanten... Aber zwischen der schönen Erinnerung und der sachlichen Gegenwart liegen ein furchtbarer Krieg mit seinen Folgen, die Vertreibung aus dem Kinderparadies, und die traurige Erkenntnis, dass die Distanz manches verklärt.

Die schrillen Hohoho-Weihnachtsmänner, die den Kaufhausumsatz heben sollen, sind gewiss keine Hilfe, um den

Sinn von Weihnachten zu erfahren, und der gleitende Übergang vom Weltspartag am 31. Oktober in die ersten TV-Werbespots für neue Weihnachtslieder-CDs ab dem 3. November schon gar nicht. Oft neigt man dazu, die fehlende weihnachtliche Stimmung dem Wetter anzulasten: „Es gibt eben keinen Winter mehr wie früher“, wird dann konstatiert, aber in Bethlehem hat es ja auch keinen Schnee gegeben. Daran kann es also auch nicht liegen. Und auch das traditionelle Brauchtum, das mit seinen Ritualen, Liedern, Gesten früher die Menschen auf Weihnachten vorbereitet hat, hat sich oft von seinem ursprünglichen Anlass gelöst – nämlich das Geheimnis von Weihnachten zu feiern – oder es ist in einem Leben der schnellen und häufigen Änderungen nicht einfach zu verstehen.

Weihnachten, dieses Fest voller Sehnsucht und Gefühle, voller Bedeutung und Sinn, braucht Vorbereitung wie alles, was wichtig ist. Das fängt im Kleinen an: Wer zum Beispiel ohne Vorbereitung eine Rede halten soll, wird es zumeist schwer haben. Was immer wir verstehen oder verinnerlichen wollen, es wird seine Vorbereitung brauchen. Der Advent ist die Zeit der Vorbereitung auf das Weihnachtsfest. Und wer meint, es werde auf Knopfdruck weihnachtlich, nach 364 Tagen ohne diese Vorbereitung, ist wahrscheinlich enttäuscht.

Weihnachten ist ein Fest, das man mit anderen Menschen feiert. Und auch dies bedarf der Vorbereitung. Um ein Lied mitsingen zu können, muss man den Text auswendig können, oder man muss ihn zumindest in einem Liederbuch vor sich sehen können. Und die Mitfreude am

Schenken ist größer, wenn man nicht im letzten Moment um viel Geld Austauschbares erworben hat, sondern ein Jahr lang die Menschen beobachtet und ihnen zugehört hat, mit denen man den Heiligen Abend verbringt.

Das Fest hat sich für viele Menschen von seinem eigentlichen Anlass entfernt, ja gelöst. Sie denken nicht mehr daran, dass das Geschenke bringende Christkind ohne das Christuskind in der Krippe nicht denkbar ist, und schon gar nicht daran, dass die Adventsonntage, das Weihnachtsfest, zum Kirchenjahr gehören. Wer die arbeitsfreien Tage rund um den Heiligen Abend nur als Gelegenheit für Schiferien versteht, wird nicht begreifen können, weshalb Menschen in aller Welt sich um Mitternacht in ihren Kirchen treffen, und nach zweitausend Jahren die Geburt eines Knaben feiern. Weihnachten öffnet die Herzen auch den anderen Menschen gegenüber, führt aus der Konzentration auf das eigene Ich heraus.

Weihnachten – auch für mich hat dieses Fest verschiedene Gesichter: Ich habe viele Jahre nach den schönen Weihnachtsfeiern meiner Kindheit das Fest auf immer wieder andere Weise erlebt, in verschiedenen Ländern, unter immer anderen Umständen. Das bringt mein Beruf mit sich.

Ich habe in Zürich mit meiner Familie Weihnachten gefeiert, mit dem Blick auf die Türme des Großmünsters, und in Wien, mit der Messe im Dom von Österreich, in St. Stephan. Ich habe eine Christmette in St. Patricks an der Fifth Avenue in Manhattan miterlebt, und einen ganz stillen und einsamen Heiligen Abend in einem Hotelzimmer in München. Und auch ich habe mich nicht Advent für Advent auf das Fest vorbereitet.

Gerade dann sind Weihnachtsgeschichten hilfreich. Denn sie unterscheiden sich von anderen Erzählungen und Shortstories in einem wesentlichen Punkt – sie bringen uns eine Botschaft . Und diese Botschaft fällt schon auf einen vorbereiteten Boden: sie wird von unseren Erinnerungen, unserer Sehnsucht nach dem Weihnachtsgefühl der Kindheit unterstützt. Wie die Werbeindustrie sich dieses Gefühls zu bedienen versucht, um den Marktanteil ihres Auftraggebers zu maximieren, dank des Imagetransfers „Wunder von Bethlehem – neues Markenprodukt“, so kommt eben dieser Transfer mit seinen Bildern und Gefühlen auch allen zu Hilfe, die alleine für sich eine Weihnachtsgeschichte lesen, sie anhören oder, wie ich, sie einem großem Publikum vorlesen.

Wie sich ganz zarte weihnachtliche Vorfreude bekanntlich schon beim Duft von Lebkuchen, beim Anblick von Spekulatius oder Christstollen einzustellen vermag, so ist eine Weihnachtsgeschichte nicht nur Hilfe auf dem Weg, sondern schon Teil der inneren Vorbereitung. Ich sitze auf einer Bühne, in einem Saal, und lese vor. Und ich spüre, wie die Gedanken und Worte der Dichter auch mich selbst in die Stimmung bringen, nach der ich gesucht habe, die ich wiederfinden wollte. Und manchmal wundere ich mich: Ich kenne doch diese Gedichte und Erzählungen, habe sie selbst ausgewählt, habe sie vorbereitet, habe sie immer wieder auch schon vorgetragen – aber sie entfalten ihren Zauber, ihre Wahrheit immer wieder auch für mich.

Manche Weihnachtsgeschichte kann eine kurze Erklärung brauchen: In verschiedenen Kulturkreisen sind auch die Traditionen anders. Niemand wird in Manhattan etwas gegen einen unzynischen Santa Claus haben. Aber in Graz oder Regensburg ist er eben nicht zuhause, dort wird auf das Christkind gewartet. In diesem Buch begegnen Sie auch einem Weihnachtsmann, aber eben in New York.

Die Geschichte „Felix holt Senf" von Erich Kästner bringt mich immer wieder, während ich den Text vorlese, auf ganz andere Gedanken: Gerhard Tötschinger hat ihnen Ausdruck gegeben.

Und die „Österreichische Weihnachtslegende" von Alexander Lernet-Holenia hat etwas von Kabarett an sich, und ist doch eine berührende kleine Schwester der berühmten Erzählung von Charles Dickens über den bösen Scrooge.

Wenn ich spüre, wie mich diese Gedichte und Legenden und Geschichten immer wieder anzurühren vermögen, bin ich froh, dass die Zeit mich nicht hat zynisch werden lassen. Und eben das wünsche ich auch Ihnen, den Leserinnen und Lesern dieses Buches.

LUCA J. BIGLER

Merry X-mas!

Frohe Weihnachten! Haben Sie das heute schon gesagt? Oder haben Sie es gehört? Es ist eher unwahrscheinlich. Ja, vielleicht – Fröhliche Weihnachten! Das könnten Sie gehört haben. Oder – Schöne Feiertage! Das haben Sie sicher gehört, und Sie haben es eventuell sogar selbst gesagt, fürchte ich. Fürchte ich für Sie!

Sie wissen nicht ganz, was ich meine? Jaja, ich verstehe … Sie sind nicht mehr ganz jung, sind schon siebenundfünfzig, zweiundvierzig, einunddreißig, zwölf Jahre alt … Dann wird es schwer, alles zu begreifen. Man wird nicht klüger.

Man ist sensibel in meinem Alter, man bemerkt und merkt vieles, vermerkt es, und merkt es sich. Außer, man ist sehr überheblich und dumm. Dann merkt man es sich nicht.

Ich habe mir vieles gemerkt, das möchte ich gleich klarstellen. Das Problem ist nicht das Merken des Neuerfahrenen, sondern das nicht Verlieren dessen, was man von Anfang an weiß.

Ich kann das wirklich sagen, ich habe es vom ersten Tag an beobachtet. Jetzt bin ich zwölf Monate und einige Tage alt, ein Jahr also. Vor einem Jahr, am Heiligen Abend, war ich gerade sieben Tage alt. Es hat natürlich gedauert, bis ich mich an die neue Umgebung gewöhnt hatte, aber dann konnte ich gleich von Anfang an zu dem großen Wissen, das ich auf die Erde mitgebracht habe, viele neue Erfahrungen beisteuern. Denn einerseits wegen des Weihnachtsfestes, andererseits wegen mir kamen die Menschen aus allen Richtungen! Meine Menschen wohnen nämlich nicht wie ich in Los Angeles, also die meisten jedenfalls nicht. Meine Eltern natürlich schon, die wohnen bei mir, und einen Onkel habe ich auch noch in der Nähe.

Meine Oma und mein Opa sind an diesem ersten Heiligen Abend bei mir gewesen, sie leben in Boston. Und noch ein Onkel und eine Tante, sie kommen aus Den Haag, und eine andere Tante, aus Paris. Ferner noch eine Oma, aus Washington, und schließlich die europäische Abteilung – Nona und Nono, so werden sie zum Zwecke der Unterscheidung genannt. Das hätten Sie hören sollen, also hauptsächlich „Merry Christmas!“, aber eben auch „Joyeux Noel!“ und „Frohe Weihnachten!“

Und dann auch noch „Buon Natale!“ Mein Nono ist zwar kein Italiener, aber er tut so. Und weil ich Luca heiße, also einen italienischen Vornamen trage, spricht er nur italienisch mit mir. Das soll er nur tun, wenn es ihm Freude macht. Für mich ist es gleichgültig, in meinem Alter versteht man sämtliche Sprachen, die es überhaupt gibt. Das verliert sich dann, leider, und dann kann man von vorne anfangen, mühevoll, und ist froh, wenn man zwei oder drei Sprachen wieder erlernt, die man ja einmal schon gekonnt hat.

Das Problem ist und bleibt die Sprache, vom ersten Tag an. An diesem ersten Heiligen Abend sagte Nona zu mir: „Ja wie geht es denn meinem Pupperle!" Und ich antwortete klar und deutlich: „Nona, ich bin kein Pupperle, ich bin ein Mann und heiße Luca." Was glauben Sie, daß sie es verstanden hat? „Rrrrbbrbähhh" hat sie verstanden. Das habe ich aber nicht gesagt – also, an mir liegt es nicht. Ich sage ja, man wird nicht gescheiter mit den Jahren. Hauptsache, sie sagen nicht „Na – tullitullitulli" oder so was, „duzi duzi!"

Duzi, duzi, nicht zu ertragen, das kann man doch nicht machen. Und dieses Geschnatter! Zu einem einzigen Thema stundenlange Erklärungen, sie hören sich gerne reden. Also, nur ein Beispiel, über Zähne – wo sie endlich die wahre Zahnärztin gefunden haben, sie würden jetzt nicht mehr über die Grenze fahren, und alles sehe so echt aus. Geschnatter! Ich sage laut und deutlich mehrmals „Bährrrr-bähhh ..." – Und alles weiß Bescheid, auch wenn sie es nicht verstanden haben im eigentlichen Sinne. Aber immerhin, sie werden wieder wesentlich.

Deine Rede sei „Ja, ja, nein, nein, alles andere ist von Übel!" – Erinnern Sie sich? Also! Sie denken doch sicher nicht, das sei alles so irgendwie entstanden, durch Zufall, es habe sich eben so ergeben? Natürlich hat der ganz große erwachsene Christus genau gewußt, was er gemeint hat mit „Ihr sollt werden wie die Kinder!" Er hatte sich eben alles gemerkt. Völlig richtig, ich sage sogar – Ihr sollt bleiben wie die Kinder!

„Jedes Kind ist gewissermaßen ein Genie, und jedes Genie ist gewissermaßen ein Kind." Das ist von ... jetzt muß ich auch nachdenken. Ja, von Schopenhauer, auch nicht schlecht.

Mein Nono freut sich über den Namen, den meine Mama und mein Papa mir gegeben haben, einerseits, weil er ein italienischer Name ist, andererseits, weil ich gerade in den Tagen zur Welt gekommen bin, die vom Evangelisten Lukas geschildert werden. „In jener Zeit ... so steht das bei Lukas, jaja." Diese ganze Geschichte, mit Volkszählung, keine Herberge und so weiter, das gehe auf den Evangelisten Lukas, in italiano Luca, zurück, „In jener Zeit, nein, in jenen Tagen ..." hat er zitiert, und noch einmal „In jenen Tagen, als Pilatus Statthalter war – nein, das ist nicht möglich, das war später, also ... in jenen Tagen ..." Ich habe noch versucht ihm zu helfen – „Nono! Lukas 1, 2, und Quirinus war Statthalter" habe ich geflüstert, es muß ja nicht jeder hören, daß ich einsage. Er aber hört nicht richtig zu, versteht nur „Ffhhbllllluäää" und stottert weiter.

Wenn sie schon die Heilige Schrift nicht gut kennen, sollten sie sich zumindest an andere große Dichter halten, in ihrem Alter! Aber ich kann ihnen doch nicht Dylan Thomas predigen, das haben sie ja sicher auch schon vergessen – „Ich habe zu dem Baum gebetet, sagte das Kind." Oder Saint Exupéry, nein, halt, den Kleinen Prinzen werden sie gerade noch kennen.

Also – nicht alles vergessen! Vor allem nicht „Ihr sollt werden wie die Kinder!"

Buon Natale, ein gesegnetes Weihnachtsfest!

HERBERT ROSENDORFER

Winterliches Choas

Meine Großeltern hatten eine treue Kundschaft in Sankt Johann – zehn Kilometer von Kitzbühel entfernt –, den „Dampflwirt", der sein ganzes Haus aus dem Geschäft meiner Großeltern einrichtete, soweit Kriegszeiten eine Einrichtung zuließen.

Weil nun eine Hand die andere wäscht, wurde eines Tages beschlossen, am Sonntag zu Mittag beim „Dampflwirt" ein großes Essen einzunehmen – ebenfalls, soweit es die Kriegszeiten zuließen. (Mit gutem Willen ließen sie erstaunlich viel zu in jenem geschützten Winkel des „Gaues Tirol-Vorarlberg", erinnere ich mich deutlich, sowohl beim Einrichten als auch beim Essen, wie gesagt … eine Hand wäscht die andere.)

Es war ein tiefer Winter, aber ein klarer Tag. Man fuhr ganz selbstverständlich mit dem Schlitten nach St. Johann. Es gab zwar die Eisenbahn, aber die war nicht oder kaum beheizt und unbequem. Außerdem erschienen so kurze Strecken meinen Großeltern für eine Eisenbahnfahrt unangemessen. Automobile gab es in ganz Kitzbühel kein halbes Dutzend: jeder der drei Ärzte hatte eins und vielleicht der Kreis-Ober-Nationalsozialist, von Taxi keine Rede.

Es wurde also für elf Uhr ein zweispänniger Schlitten vom Fuhrunternehmer Mariacher vors Haus bestellt.

Nach dem Frühstück und der Messe ergriff alle Beteiligten die Erregung. Meine Großmutter erkundigte sich am Telephon, auch das wird einst märchenhaft sein: man drehte seitlich am Apparat an einer kleinen Kurbel; dann meldete sich das Fräulein vom Amt, meine Großmutter verlangte „Mariacher" – Telephonnummern gab es wohl, aber niemand belastete sein Gedächtnis damit – das Telephonfräulein sagte: „Ja, Frau Rosendorfer", sie kannte alle an der Stimme, und nach einiger Zeit meldete sich dann jemand auf der anderen Seite: „Ja?" und meine Großmutter erkundigte sich, ob der Schlitten auch gewiß käme ... ja, gewiß ... pünktlich? ... pünktlich ... und so weiter.

Ich wurde in unzählige Pullover und Jacken gesteckt, in Mäntel und Übermäntel, bis ich so dick war, daß mein Onkel befürchtete, ich werde aus dem Schlitten rollen. Meine Großmutter zog alle drei Pelzmäntel dreimal an – einmal den schwarzen, einmal den braunen und einmal den grauen obenauf, je nach ihrem, oft minutenweise wechselnden Geschmack –, mein Großvater bürstete und kämmte sich sorgfältig, dem Dienstmädchen, einem ältlichen Fräulein mit Namen Elsa, wurden substantiierte Anweisungen über das Verhalten während der Abwesenheit gegeben (verschiedene von jedem), es ging gegen halb elf. Um halb elf war man theoretisch fertig, um elf nicht mehr. Die überflüssige halbe Stunde hatte zu erneuten Dispositionen verleitet, die dann wieder mehr als eine halbe Stunde in Anspruch nahmen. Es wurde doch noch einmal nachgeheizt, meine Großmutter zog doch den schwarzen Pelzmantel *über* den anderen an, ich mußte doch noch den Bleisoldaten ohne Kopf im Keller suchen, und so fort. Mein Großvater tobte: das sei doch ein Durcheinander, das reinste Choas. Ich weiß nicht, ob er aus Jux oder aus fremdwörtlicher Unkenntnis die Laute dieses seines Lieblingswortes verdrehte.

Gegen elf läutete es – „der Schlitten“ –, ich eilte zum Fenster. Auf dem breiten Trottoir vor dem Geschäft stand er. Mit gesenkten Köpfen, dampfenden Nüstern und stampfend standen die beiden Pferde und rieben die Hälse aneinander. Der Kutscher mit der Peitsche schaute herauf und schrie – was jeder sah –, daß er jetzt da wäre.

„Einen Moment noch.“

Der Kutscher wandte sich den Pferden zu, zupfte ihre Decken gerade, beschäftigte sich mit dem Schlitten. Heroben wurde abgesperrt, wieder aufgesperrt, weil drinnen der Schlüssel für die äußerste Tür liegengeblieben war … doch nicht liegengeblieben, er steckte, wieder zugesperrt. Meine Großmutter überlegte, ob sie nicht doch den grauen Pelzmantel … Das reinste Choas also. Geduldig stampften die Pferde in der klaren, ruhigen Kälte draußen, und der Kutscher rieb sich mit seinen grobwollenen Handschuhen das Gesicht.

Endlich war es soweit. Der Kutscher öffnete die spielerisch kleine, bauchige Tür am Schlitten, ließ die beiden kleinen Trittbretter herunter, mit vereinten Kräften wurde meine Großmutter in den Wagen geschoben. Mein Großvater – er hatte seinen dicksten Überzieher an, mit Bisamfellen durchaus gefüttert, so schwer, daß ich den Mantel nicht aufzuheben vermochte – setzte sich neben sie, beide in Fahrtrichtung. Wer sonst noch mitfuhr, weiß ich nicht mehr, mein Onkel und meine Tante vielleicht, vielleicht ein anderer Onkel, der gerade auf Urlaub aus dem Feld war. Es war jedenfalls eine ganze Gesellschaft, eine richtige Schlittenpartie.

Als alle saßen, wurden die Knie in grobe, große, gelbschwarz-karierte, rotgeränderte Decken gewickelt, eine andere Decke darüber gelegt und dann eine dritte. Pinzi (das war ich) sollte eigentlich zwischen den Großeltern in wohliger Wärme wie in einem Nest sitzen. Ich tobte aber und schrie: ich wolle auf den Bock. „Gut, du gehst auf den Bock, aber nicht zu lang!“ Meine Großmutter gab wieder Anweisungen, wie ich an dieser ausgesetzten Stelle richtig vor der Kälte geschützt werden mußte: eine Decke um den Körper gewickelt, unter den Achseln, eine über die Knie, eine über das Ganze darüber.

Nach längerem Hin und Her, ob nichts vergessen wäre, wurde der Befehl zum Aufbruch gegeben.

Der Kutscher schnalzte mit der Peitsche, die Pferde zogen das Kreuz durch, scharrten mit den Hinterfüßen kräftig ein paar Mal im brettharten Schnee der Straße und zogen dann mit einem Ruck, der alles durcheinanderschüttelte, den Schlitten vom Fleck. Einmal angezogen, glitten die Kufen – vorne hochaufgebogen wie das Geweih eines exotischen Widders – auf der verschneiten Straße dahin. Auf dem Trottoir vor dem Haus hatte eines der Pferde sein Siegel zurückgelassen: hellgoldgelben, dampfenden Haferextrakt, der kraft seiner Wärme leicht in den Schnee eingesunken war.

Es war kalt, aber kein Hauch bewegte die schwer mit Schnee beladenen, in der Wintersonne tausendfach blitzenden und glitzernden Fichten am Rand der damals noch fast unbebauten Straße von Kitzbühel nach Sankt Johann. Lautlos lag die Welt, das wahrhaft majestätische Massiv des Wilden Kaisers – wie das Totenmonument eines urweltlichen Herrschers – lag, deutlich sichtbar mit jeder Schrunde und Spitze, tieftaubenblau über dem verschneiten Land in der kristallklaren Luft des eisigen Wintermorgens ... das sanft gebogene Kitzbüheler Horn, bis zum Gipfel mit Schnee bedeckt, goldglänzend die Sonnenseiten, feenblau die Schatten, darüber der hellblaue, fast zerbrechlich weiße, makellose Himmel. Wie tief die Welt verschneit war, konnte man an den sommers mannshohen Zaunpfosten entlang der Straße sehen, die jetzt nicht mehr als handbreit – schwarzbraun, mit einem hohen Gupf Schnee bedeckt – aus dem weithin unberührten, jungfräulichen, jede Unebenheit des Bodens nivellierenden Schnee ragten ... das einzige Geräusch – es ist wirklich wie ein Märchen – waren die Schellen an den Halftern der Pferde, die im Takt der trabenden Schritte in einem ausdauernden, fröhlichen, nicht zu langsamen, aber dennoch geruhsamen Andante die Begleitung zur Fröhlichkeit der Schlittenpartie klingelten.

Im steten Trab, bald eine sanfte Kurve nach links, bald nach rechts, ging es voran. Die Ache wurde überquert: ein

Eisbach, dessen Anblick schon ängstigt, wenn man sieht, wie sein grünes Wasser über dick gefrorene Steine und zwischen den ebenfalls dick mit poliertem Eis überkrusteten, wie gepanzerten Ufern dahinschoß. Die sichere Brücke mit dem tief verschneiten Geländer führte uns darüber.

Auf einer ungefährlichen, geraden Strecke erlaubte mir der Kutscher, die Zügel zu führen. Jauchzend, rotwangig, vor Aufregung und Kälte, faßte ich die Zügel, schnalzte mit der Zunge, und während ich glaubte, wir flögen dahin im Flaum der verschneiten Welt, gefror mir der Rotz zwischen Nase und Mund, eine winterliche Herrlichkeit.

Wir näherten uns Oberndorf, einem kleinen Dorf auf der Hälfte des Weges. Die Bauern standen nach der Elf-Uhr-Messe in kleinen Gruppen vor der Kirche und redeten oder schickten sich an, zum „Kramerwirt" hineinzugehen. Selbstverständlich übernahm hier der Kutscher wieder die Zügel, vielleicht durfte ich sie danach kurz einmal halten, dann war man bald in Sankt Johann.

Knirschend im harten, niedergetretenen Schnee der Straße vorm „Dampflwirt" hielt der Schlitten, die Schellen verklangen in einer Fermate, die in der Begrüßung des Wirts unterging. Wir waren natürlich längst gemeldet, der Tisch war reserviert in der Extrastube, eine Magd legte eben noch einen Armvoll Buchenscheite in den hohen, weißen, kuppelförmigen, mit grünen Warzen verzierten Ofen, der Duft des Harzes der im Feuer krachenden Scheite durchzog fein und wohlig die alte Holztäfelung des Raumes ... während sich schon der Duft der Leberknödelsuppe hereinschlängelte.

Stühle wurden gerückt, der Wirt rieb sich die Hände, unzählige Mäntel wurden abgelegt, der Kutscher spannte draußen die Pferde aus. Sie kamen in den Stall zu den Sankt Johanner Kollegen, er in die Küche, wo er wohl den Mägden in die Schenkel zwickte und darüber hinaus vereinbarungsgemäß verköstigt wurde.

Auf das Andante folgte nun das metallische Adagio der Messer und Gabeln über den Schnitzeln und Koteletten, über dem wacholderduftenden Kraut, über den knusprigen Kartoffeln, über den faustgroßen Knödeln, mit brauner Butter übergossen, aus denen die roten Speckbröcklein lugten, über der Leber in Rahmsauce für meine Großmutter – ihr Leibgericht – und über die gedünstete Zunge und den aufgeplatzten, leicht angerösteten Bratwürsten für meinen Großvater, hie und da unterbrochen durch das Klingen der kleinen, bauchigen Weingläser, aus denen die Herren die Partie Roten, die Damen und dazu ich Glühwein tanken: Rotwein, mit Nelken, etwas Zucker und Zitronenschalen versetzt, siedend in einem Kupferkessel an den Tisch gebracht und hier angezündet, daß eine kaum sichtbare bläuliche Flamme hochaufzüngelte, der dann mit Messingkellen in die Gläser geschöpft wurde.

Nicht nur die eisige, kristallene Kälte des Wintersonntags mit seinem metertiefen Schnee, die Feindlichkeiten des Lebens überhaupt, die Zeit, das ganze Choas draußen verwich vor der behaglichen, scheiterknisternden, bratenduftenden Genüßlichkeit des getäfelten Raumes.

Es kam dann noch Kaffee, kostbarer Bohnenkaffee („von bloß Kern“, wie ihn meine Großmutter zum Unterschied vom Ersatzkaffee nannte), Streuselkuchen und meterlange, goldbraune, fetttriefende Strauben und für die Erwachsenen kleine Gläschen mit Obstschnaps, schwarzgebrannt ohne Zweifel, der so scharf war, daß man überhaupt nichts schmeckte, bis nicht seine wohltätige Wirkung vom Magen aus ihre tausend seligen Arme in alle Teile des Körpers reckte, was auch ich merkte, als ich ein klein wenig am Gläschen meiner Großmutter nippte.

Der Wirt setzte sich, nachdem die Kompanie der Mägde die leeren Schüsseln und Teller abgeräumt hatte, ein wenig zu uns, es wurde über allerhand gesprochen, was mich nicht interessierte. Ich schaute derweil eine illustrierte Zeitung an, und der Wirt hielt einen langen Pechspan in die nachgerade höllische Glut des Ofens und zündete damit seine Deckelpfeife und meinem Großvater und meinen Onkeln eine Zigarre an, so daß dieser weltliche Weihrauch den entschwindenden Geruch des Essens ersetzte.

Als es dämmerte – dort im tiefen Winter um drei Uhr – wurde dem Kutscher geheißen, die Pferde wieder anzuspannen. Es wurde selbstverständlich nicht bezahlt, sondern mit irgendwelchen Tuchenten und Leintüchern verrechnet. Dann kam der Aufbruch.

Die Luft schlug uns wie ein rauhes Tuch unter der gedrungenen Tür des Gasthauses entgegen. Freiwillig verzichtete ich jetzt auf den Platz am Bock und setzte mich zwischen meine Großeltern. Wieder zogen die Pferde mit einem Ruck, der alles schüttelte, den Schlitten an. Der Wirt und die Wirtin verabschiedeten sich laut und gestikulierend, wir winkten zurück.

Die Dämmerung, und bald die Nacht, verzauberte die Landschaft vollends. Tiefblau zogen sich die langen Schatten, die die schwarzen Fichten im vollen Mondlicht warfen, über die schweigenden, verschneiten Felder. Von den Höfen blitzten die rötlichen Lichter der kleinen erleuchteten Fenster, die fast vom Schnee erstickt schienen. Der dampfende Atem der Pferde war nicht mehr zu sehen, das Klingeln der Schellen weckte hie und da die Krähen in den Fichten, die sich schreiend erhoben und hinter uns sich wieder in die Zweige setzten, die jedesmal einen Berg ihrer Last an Schnee polternd entluden.

Die – obwohl verschneit – tiefschwarzen Berge hoben sich in einem Panorama von Silhouetten vom unendlich tiefschwarz-smaragdenen Himmel ab, und nichts, kein Hauch, kein Atem, nur die unendliche, eisige, glasharte und spröde Ruhe des mächtigen Winters schien um uns in dem jetzt eiligeren Schlitten – eingehüllt in Decken, satt und warm.

Als wir die Stadt erreichten, dämpften die ersten Häuser den Schritt der Pferde und das Klingeln der Schellen.

Daheim hatte Elsa das Feuer bewacht. Das ganze Haus war bald erleuchtet. Kälte und Schlitten hatten wieder hungrig gemacht, und während der Tisch gedeckt wurde, hörte man draußen den Kutscher schnalzen, die Pferde ein letztes Mal anziehen und die Schellen der Geschirre, dieses liebliche Divertimento des Winters, wie er früher war, in die Nacht hinaus verklingen.

Alle waren zufrieden. Der Großvater rieb sich die Hände: „Kann die Welt nicht immer so friedlich sein? Muß der Hitler den Choas anzetteln?“

„Sei still“, sagte die Großmutter, „wenn dich die Wanitschek hört.“

Ein Winter-Märchen ... und das märchenhafteste davon ist, daß es dennoch alltäglich war. Kann man das heute einem Kind anders erzählen, als erzählte man ein Märchen? Bin ich schon so alt, daß eine ganze Welt versunken ist, seit ich ein Kind war? So einen Winter gibt es nicht mehr.

URSULA KLEIN

Erwartung

Winterlich
und tief verschneit
sind sie
die Gedanken der Engel.
In ihrem Haar
nistet ein Traum.
Die schweren Flechten
im Nacken verschlungen,
stehen sie wie gebeugt
von Zeit und Leid.
Immer noch
lauschen sie,
warten sie,
ersehnen den Widerschein
prachtvoller Freude
auf ihrem Gesicht.

ERICH KÄSTNER

Felix holt Senf

Es war am Weihnachtsabend im Jahre 1927 gegen sechs Uhr, und Preissers hatten eben beschert. Der Vater balancierte auf einem Stuhl dicht vorm Weihnachtsbaum und zerdrückte die Stearinflämmchen zwischen den angefeuchteten Fingern. Die Mutter hantierte draußen in der Küche, brachte das Eßgeschirr und den Kartoffelsalat in die Stube und meinte: „Die Würstchen sind gleich heiß!" Ihr Mann kletterte vom Stuhl, klatschte fidel in die Hände und rief ihr nach: „Vergiß den Senf nicht!"

Sie kam, statt zu antworten, mit dem leeren Senfglas zurück und sagte: „Felix, hol Senf! Die Würstchen sind sofort fertig."

Felix saß unter der Lampe und drehte an einem kleinen billigen Fotoapparat herum. Der Vater versetzte dem Fünfzehnjährigen einen Klaps und polterte: „Nachher ist auch noch Zeit. Hier hast du Geld. Los, hol Senf! Nimm den Schlüssel mit, damit du nicht zu klingeln brauchst. Soll ich dir Beine machen?"

Felix hielt das Senfglas, als wollte er damit fotografieren, nahm Geld und Schlüssel und lief auf die Straße. Hinter den

Ladentüren standen die Geschäftsleute ungeduldig und fanden sich vom Schicksal ungerecht behandelt. Aus den Fenstern aller Stockwerke schimmerten die Christbäume. Felix spazierte an hundert Läden vorbei und starrte hinein, ohne etwas zu sehen. Er war in einem Schwebezustand, der mit Senf und Würstchen nichts zu tun hatte. Er war glücklich, bis ihm vor lauter Glück das Senfglas aus der Hand aufs Pflaster fiel. Die Rolläden prasselten an den Schaufenstern herunter, und Felix merkte, daß er sich seit einer Stunde in der Stadt herumtrieb. Die Würstchen waren inzwischen längst geplatzt! Er brachte es nicht über sich, nach Hause zu gehen. So ganz ohne Senf! Gerade heute hätte er Ohrfeigen nicht gut vertragen.

Herr und Frau Preisser aßen die Würstchen mit Ärger und ohne Senf. Um acht wurden sie ängstlich. Um neun liefen sie aus dem Haus und klingelten bei Felix' Freunden. Am ersten Weihnachtsfeiertag verständigten sie die Polizei. Sie warteten drei Tage vergebens. Sie warteten drei Jahre vergebens. Langsam ging ihre Hoffnung zugrunde, schließlich warteten sie nicht mehr und versanken in hoffnungslose Traurigkeit.

Die Weihnachtsabende wurden von nun an das Schlimmste im Leben der Eltern. Da saßen sie schweigend vorm Christbaum, betrachteten den kleinen billigen Fotoapparat und ein Bild ihres Sohnes, das ihn als Konfirmand zeigte, im blauen Anzug, den schwarzen Filzhut keck auf dem Ohr. Sie hatten den Jungen so liebgehabt, und daß der Vater manchmal eine lockere Hand bewiesen hatte, war doch nicht böse gemeint gewesen, nicht wahr? Jedes Jahr lagen die zehn alten Zigarren unterm Baum, die Felix dem Vater damals geschenkt hatte, und die warmen Handschuhe für die Mutter. Jedes Jahr aßen sie Kartoffelsalat mit Würstchen, aber aus Pietät ohne Senf. Das war ja auch gleichgültig, es konnte ihnen doch niemals wieder schmecken.

Sie saßen nebeneinander, und vor ihren weinenden Augen verschwammen die brennenden Kerzen zu großen glitzernden Lichtkugeln. Sie saßen nebeneinander, und er sagte jedes Jahr: „Diesmal sind die Würstchen aber ganz besonders gut." Und sie antwortete jedesmal: „Ich hol dir die von Felix noch aus der Küche. Wir können jetzt nicht mehr warten."

Doch um es rasch zu sagen: Felix kam wieder. Das war am Weihnachtsabend im Jahre 1932 kurz nach sechs Uhr ... Die Mutter hatte die heißen Würstchen hereingebracht, da meinte der Vater: „Hörst du nichts? Ging nicht eben die Tür?" Sie lauschten und aßen dann weiter. Als jemand ins Zimmer trat, wagten sie nicht, sich umzudrehen. Eine zitternde Stimme sagte: „So, da ist der Senf, Vater." Und eine Hand schob sich zwischen den beiden alten Leuten hindurch und stellte wahrhaftig ein gefülltes Senfglas auf den Tisch.

Die Mutter senkte den Kopf ganz tief und faltete die Hände. Der Vater zog sich am Tisch hoch, drehte sich trotz der Tränen lächelnd um, hob den Arm, gab dem jungen Mann eine schallende Ohrfeige und sagte: „Das hat aber ziemlich lange gedauert, du Bengel. Setz dich hin!"

Was nützt der beste Senf der Welt, wenn die Würstchen kalt werden? Daß sie kalt wurden, ist erwiesen. Felix saß zwischen den Eltern und erzählte von seinen Erlebnissen in der Fremde, von fünf langen Jahren und vielen wunderbaren Sachen. Die Eltern hielten ihn bei den Händen und hörten vor Freude nicht zu …

Unterm Christbaum lagen Vaters Zigarren, Mutters Handschuhe und der billige Fotoapparat. Und es schien, als hätten fünf Jahre nur zehn Minuten gedauert. Schließlich stand die Mutter auf und sagte: „So, Felix, jetzt hol ich dir deine Würstchen."

GERHARD TÖTSCHINGER

Gedanken nach einer Weihnachtsgeschichte von Erich Kästner

„Es war am Weihnachtsabend im Jahre 1927 gegen sechs Uhr und Preissers hatten eben beschert." So hat diese Geschichte begonnen.

Und damit sind wir schon mittendrin. Preissers wohnen ganz gewiß in Berlin, nicht irgendwo, das ist schließlich eine Geschichte von Erich Kästner, nicht wahr. Und 1927 ... Felix, so werden wir gleich lesen, ist fünfzehn Jahre alt, Jahrgang 1912 also. Da war er sechs, wie der Krieg zu Ende war, den hat er schon mitbekommen in seinen Erinnerungsschatz. Es steht ihm aber noch einiges bevor.

„Felix, hol Senf!" sagt die Mutter. Damals holte man noch Senf, konnte man noch Senf holen! Das kann man auch heute, aber kaum um sechs Uhr am Weihnachtsabend, und dann noch in einem mitgebrachten Glas!

Felix nimmt das Senfglas, das leere, und zieht los. „Hinter den Ladentüren standen die Geschäftsleute ungeduldig ...“ Ach ja, 1927, da stehen sie noch kurz nach sechs Uhr in ihren Geschäften, die Geschäftsleute. Und Felix fällt das Glas aus der Hand, und er ist doch schon so lange herumgelaufen, und nun traut er sich nicht nach Hause zurück, so verspätet und ohne Senf.

Lang ist er unterwegs, jahrelang.

„Doch um es rasch zu sagen: Felix kam wieder. Das war am Weihnachtsabend im Jahre 1932 kurz nach sechs Uhr ...“

Da ist er also inzwischen zwanzig Jahre alt. Jetzt bringt er endlich den Senf –

„Und eine Hand schob sich zwischen den alten Leuten hindurch und stellte wahrhaftig ein gefülltes Senfglas auf den Tisch.“

Zwischen den alten Leuten ...? Mit einem zwanzigjährigen Sohn? Wie alt können die Eltern denn sein? Vierundvierzig, vielleicht fünfzig. Nehmen wir an, Preissers hätten sich spät zur Familiengründung entschlossen, Mutter Preisser hätte ihren Felix bekommen, wie sie schon vierzig Jahre alt war, dann sind sie jetzt sechzig, der Vater mag etwas älter sein. Da wären sie also heute beide „fünfzig plus“, und wenn sie jemand „die beiden alten Leute“ nennen wollte, wären sie nicht erfreut darüber.

Fünf Wochen und zwei Tage später wird in Deutschland gefeiert – der 30. Januar 1933, Adolf Hitler übernimmt die Macht. Wie wird Felix' Leben weitergehen? Gesund, wie er offensichtlich ist, wird er Soldat werden. Möglicherweise hat er die vom zerbrochenen Senfglas verschuldeten Jahre auf einem Schiff verbracht, also wird er sich zur Kriegsmarine melden.

Immer vorausgesetzt, Preissers sind nicht Juden! Wenn nur die Mutter oder der Vater jüdisch ist, wird aus Felix kein Panzergrenadier und kein Matrose, dann ist er „wehrunwürdig“. Wenn er aber nicht wehrunwürdig ist, so erlebt er vielleicht das Weihnachtsfest 1939 nicht mehr, und die Eltern sitzen erst recht alleine unter dem Weihnachtsbaum. Und wenn sie noch Hoffnung haben, stellen sie ab Weihnachten 1945 eine Kerze in das Fenster, wie alle das machen, im Gedanken an die vielen Kriegsgefangenen.

Man soll nicht zu denken beginnen.

Aber gerade am Weihnachtsabend – da soll man eben doch zu denken beginnen.

WILLIAM SAROYAN

Drei Tage nach Weihnachten

Donald Efaw, der sechs Jahre alt war und drei Monate, stand an der Ecke, wo die 37. Straße in die 3. Avenue einmündet. Er solle einen Augenblick warten, so hatte ihm sein verärgerter Vater Harry vor einer Stunde gesagt und war in den Laden gegangen um einen Saft für Alice, die krank zu Bett lag und hustete und weinte. Alice war drei Jahre alt, und die ganze Nacht hatte keiner ein Auge zugetan wegen Alice. Das wurde Donalds reizbarem Vater Harry zuviel und Mama mußte es ausbaden.

Mamas Name war Mabelle. „Ich hieß Mabelle Louisa Atkins, bevor ich Harry Efaw heiratete, hatte seine Mutter einmal zu einem Mann gesagt, der gekommen war, um eine Fensterscheibe in der Küche einzusetzen. „Mein Mann hat mütterlicherseits indianisches Blut in den Adern, ich vom Vater. Fernandez klingt eher spanisch oder mexikanisch als indianisch, aber mein Vater war Halbindianer. Wir haben jedoch nie unter Indianern gelebt, wie das einige Mischlinge tun. Wir wohnten immer in Städten."

Der Junge trug Überziehhosen und einen alten karierten Mantel, den sein Vater abgelegt hatte und den Donald noch hätte tragen können, wäre er nicht viel zu groß gewesen für ihn. Sie hatten einfach nur die Ärmel abgeschnitten, wo Donalds Hände waren und sonst nichts. Die Taschen waren tief unten und unerreichbar für den Jungen, und so rieb er unaufhörlich die Hände, um sie warm zu halten. Es war jetzt elf Uhr morgens.

Donalds Vater war hier reingegangen und jeden Augenblick würde er herauskommen, und dann würden sie nach Hause gehen, und Mama würde Alice von dem Zeug geben – Milch und Medizin –, und sie würde aufhören zu weinen und zu husten, und Mama und Papa würden sich nicht länger streiten.

Das Lokal gehörte Haggerty. Man konnte an der Ecke hineingehen oder von der Seitenstraße her. Schon fünf Minuten nach zehn war Harry Efaw durch den Nebenausgang auf die 37. Straße hinausgetreten. Er hatte den Jungen an der Ecke nicht vergessen, er wollte nur eine kleine Weile für sich sein und ihn nicht sehen und auch nicht die anderen. Er hatte einen kleinen Korn getrunken, der war zu teuer gewesen, und das war alles. Er hatte einen Vierteldollar gekostet, und das war entschieden zuviel für einen Korn. So hatte er das Zeug hastig hinuntergestürzt und war hinausgeeilt und fortgegangen, und er wollte dann nach einigen Minuten dorthin zurückkehren, wo der Junge stand, die Milch und die Medizin kaufen, dann würden sie stracks nach Hause gehen und sehen, was sie mit Alice tun könnten. Aber dann war er plötzlich weitergegangen, einfach weiter.

Endlich ging Donald hinein. Er sah, daß hier nichts so war wie in den Läden, in denen er bisher gewesen war. Der Mann in dem weißen Kittel sah ihn an und sagte: „Hier darfst du nicht hinein. Marsch und nach Hause!"

„Wo ist mein Vater?"

„Ist der Vater dieses Jungen hier?" rief der Mann, und alle in diesem Raum, es waren sieben Männer, drehten sich um und schauten auf den Jungen. Aber sie schauten nur einen Augenblick herüber, dann wandten sie sich wieder den Gläsern zu, die vor ihnen auf den Tischen standen, und die, welche sich unterhalten hatten, setzten ihre Gespräche fort.

„Wer es auch immer sei", sagte der Mann, „dein Vater ist nicht hier."

„Harry", sagte Donald. „Harry Efaw."

„Ich kenne niemanden, der Harry Efaw heißt. Nun geh aber endlich nach Hause."

„Er sagte mir, ich solle draußen einen Augenblick warten."

„Ja, ich weiß. Es kommen so viele hier herein, trinken einen und gehen wieder hinaus. So wird er's auch gemacht haben. Wenn er dir gesagt hat, du sollst draußen warten, dann solltest du das tun. Hier kannst du nicht bleiben."

„Es ist so kalt draußen."

„Ich weiß, daß es draußen kalt ist", sagte der Barmann.

„Aber hier kannst du nicht bleiben. Warte draußen, wie dir dein Vater gesagt hat, oder geh nach Hause."

„Ich weiß nicht wie", sagte der Junge.

„Kennst du eure Adresse?"

Offenbar verstand der Junge die Frage nicht, so versuchte es der Barmann anders.

„Kennst du die Hausnummer und den Namen der Straße?"

„Nein. Wir sind zu Fuß gekommen. Wir wollten Medizin für Alice kaufen."

„Ja, ich weiß", sagte der Barmann ruhig. „Und ich weiß auch, daß es draußen kalt ist, aber dennoch mußt du jetzt verschwinden. So kleine Jungen wie dich darf ich hier nicht hereinlassen."

Ein kränklich aussehender Mann von etwa sechzig Jahren, der mehr als nur angetrunken und halb tot war, stand von seinem Tisch auf und ging zu dem Barmann hinüber.

„Ich will den Jungen gern nach Hause bringen, wenn er mir den Weg zeigen kann."

„Setzten Sie sich hin", sagte der Barmann, „der Junge weiß den Weg nicht."

„Vielleicht weiß er ihn doch", sagte der Mann. „Ich habe selbst Kinder gehabt, und die Straße ist nicht der rechte Ort für kleine Jungen. Ich will ihn gern zu seiner Mutter bringen."

„Ich weiß", sagte der Barmann. „Aber nun gehen Sie und setzen Sie sich endlich wieder."

„Komm, ich bringe dich nach Hause, Kleiner", sagte der alte Mann.

„Nun setzen Sie sich endlich!" Die Stimme des Barmanns wurde hart und fordernd. Erstaunt drehte sich der alte Mann um.

„Für wen halten Sie mich eigentlich!" sagte er leise. „Der Junge hat Angst und ist durchgefroren und braucht seine Mutter."

„Wollen Sie sich endlich hinsetzen?“ sagte der Barmann. „Ich weiß alles über den Jungen. Und Sie sind nicht der Mann, um ihn nach Hause zu seiner Mutter zu bringen.“

„Aber einer muß ihn schließlich nach Hause bringen“, sagte der alte Mann ruhig und dann rülpste er. Der Barmann musterte ihn von oben bis unten. Das Zeug, das er auf dem Leibe trug, war von der Art, wie es Wohltätigkeitsvereine an Bedürftige verteilen. Wahrscheinlich hatte er noch dreißig oder vierzig Cents in der Tasche, das reichte für ein Bier und sicherlich hatte er das Geld zusammengebettelt.

„Es ist der dritte Tag nach Weihnachten“, fuhr der alte Mann fort. „Es ist noch nicht so lange nach Weihnachten, daß irgendeiner von uns das Recht hätte zu vergessen, daß hier ein kleiner Junge nach Hause gebracht werden muß.“

„Was ist los?“ fragte ein anderer Trinker von seinem Stuhle aus.

„Gar nichts ist los“, sagte der Barmann. „Der Vater dieses Jungen sagte ihm, er solle draußen auf ihn warten, das ist alles.“ Der Barmann drehte sich zu Donald Efaw um. „Wenn du den Weg nach Hause nicht weißt, dann warte gefälligst draußen, wie dir dein Vater gesagt hat. Du wirst schon sehen, er wird bald zurück sein und dich zur Mama bringen. Nun geh schon raus.“

Der Junge ging hinaus und stand wieder da, wo er schon mehr als eine Stunde gestanden hatte. Der alte Mann wollte dem Jungen folgen. Der Barmann schwang sich über den Schanktisch, erreichte den alten Mann noch an der Schwingtür, packte ihn bei den Schultern, drehte ihn um und brachte ihn zu seinem Stuhl zurück.

„Nun setzten Sie sich", sagte er ruhig. „Vergessen Sie den Jungen und behalten Sie Ihre Gefühle für sich. Ich werde schon dafür sorgen, daß ihm nichts passiert."

„Wofür halten Sie mich eigentlich?" sagte der alte Mann wieder.

Indem der Barmann, ein gedrungener Ire in den frühen Fünfzigern, von der Schwingtür aus kurz die Straße hinauf- und hinunter schaute, fragte er: „Haben Sie sich einmal im Spiegel beguckt? Sie würden mit dem Jungen an der Hand nicht bis zur nächsten Straßenecke kommen."

„Warum nicht?" fragte der alte Mann.

„Weil Sie ganz und gar nicht aussehen wie der Vater oder der Großvater oder der Freund eines kleinen Jungen."

„Ich habe selbst Kinder gehabt", sagte der alte Mann.

„Ich weiß", sagte der Barmann. „Aber bleiben Sie sitzen. Einige dürfen nett zu Kindern sein und andere nicht, das ist alles."

Er kam mit einer Flasche Bier zu dem Tisch des alten Mannes und stellte sie neben das leere Glas.

„Diese Flasche spendiere ich", sagte er. „Ich darf manchmal nett sein zu alten Leuten, wie Sie es sind und Sie dürfen nett sein zu Barmännern, wie ich es bin, aber Sie dürfen nicht nett sein zu einem kleinen Jungen, dessen Vater wahrscheinlich hier irgendwo in der Nähe ist. Bleiben Sie einfach sitzen und trinken Sie Ihr Bier."

„Behalten Sie Ihr dreckiges Bier", sagte der alte Mann. „Sie können mich in Ihrem dreckigen Lokal nicht festhalten wie einen Gefangenen."

„Bleiben Sie sitzen, bis der Vater des Jungen kommt und

ihn nach Hause bringt, dann können Sie so schnell verschwinden, wie Sie wollen."

„Ich will aber auf der Stelle hier heraus", sagte der alte Mann. „Ich habe es nicht nötig, mich von irgendwem in dieser Welt beschimpfen zu lassen. Wenn ich Ihnen ein bißchen über mich erzählte, glaube ich, würden Sie nicht so zu mir sprechen, wie Sie es schon die ganze Zeit über tun."

„All right", sagte der Barmann. Er wollte keinen Lärm und kein Aufsehen, und er meinte, er könne den alten Mann im Guten davon abbringen, sich noch weiter um den Jungen zu kümmern. „Sagen Sie mir kurz, wer Sie sind, dann werde ich vielleicht anders mit Ihnen reden."

„Das werden Sie doch nicht tun", sagte der alte Mann.

Erleichtert sah der Barmann, daß der alte Mann das Bier in sein Glas goß und ein Drittel trink und dann sagte der alte Mann: „Mein Name ist Algayler, ja, Algayler." Er tat noch einen Schluck, und der Barmann wartete, daß er weiterspräche. Er stand jetzt am Ende des Schanktisches, so konnte er den Jungen draußen sehen. Der Junge rieb sich die Hände, aber das war alles nicht so schlimm. Er war ein Junge, der an allerlei gewöhnt war, und dieses Warten draußen auf der Straße würde ihm nicht allzuviel ausmachen.

„Algayler", wiederholte der alte Mann, und er sprach leise weiter. Der Barmann hörte nicht, was er sagte, aber das machte nichts, denn er wußte, der alte Mann würde jetzt vernünftig sein, er war wieder ganz bei sich und an seinem Platz.

Eine Frau, die seit einer Woche etwa jeden Nachmittag in das Lokal kam, betrat den Raum mit einem Foxterrier an der Leine und sagte: „Draußen steht ein kleiner Junge in der Kälte. Zu wem gehört er?"

Die Frau schlug ihre falschen Zähne zusammen, als sie von einem zum andern sah, und der Hund, der in der Wärme auftaute, tanzte um ihre Füße.

„Ist schon alles in Ordnung", sagte der Barmann. „Sein Vater macht eben eine Besorgung. Er wird sofort zurück sein."

„Er täte gut daran, sich zu beeilen", sagte die Frau. „Wenn mich etwas aufregt, dann ist es ein Vater, der seinen Jungen auf der Straße warten läßt."

„Algayler", sagte der alte Mann mit lauter Stimme und sah sich nach der Frau um.

„Was sagten Sie da zu mir, Sie versoffener Vagabund?" fragte die Frau. Ihr Hund näherte sich dem alten Mann, er zerrte an der Leine und bellte ein paarmal.

„Gar nichts, Madam", sagte der Barmann. „Er sagte nur seinen Namen."

„Wollte ich ihm auch geraten haben", sagte die Frau und klapperte wieder mit ihrem Gebiß.

Der Hund beruhigte sich etwas, aber tanzte noch immer umher, denn ihm war warm. Er trug das Mäntelchen, das sie ihm bei kaltem Wetter überzog, aber unten an den Füßen fror ihn um so mehr.

Der Barmann goß Bier in ein Glas und stellte es vor die Frau, und sie trank im Stehen. Schließlich stieg sie auf einen Barhocker und vergaß den Jungen und vergaß den Alten, und der Hund stand jetzt ganz ruhig und schaute schnüffelnd in die Runde.

Der Barmann brachte Algayler noch eine Flasche Freibier, und ohne daß ein Wort oder auch nur ein Blick gewechselt wurde, war klar, daß sie sich auf diese Weise ganz gut verstehen würden.

Ein Mann von etwa fünfunddreißig Jahren, der mit seinem Gesicht und seinem säuberlich gestutzten Schnurrbart ganz manierlich aussah, kam von der 37. Straße her herein und bestellte einen Bourbon, und nachdem der Barmann das Getränk eingeschenkt hatte, sagte er so leise, daß kein anderer ihn hören konnte: „Ist das vielleicht Ihr Junge, der da draußen steht?"

Der Mann hatte das Glas schon an die Lippen gehoben, aber als er die Frage hörte, schaute er zu dem Barmann auf, goß Bourbon hinunter und ging ohne ein Wort zum Fenster, um einen Blick auf den Jungen zu werfen. Schließlich kam er zum Schanktisch zurück und schüttelte den Kopf. Er trank noch einen Bourbon, dann ging er hinaus und an dem Jungen vorbei und sah ihn kaum.

Nachdem Algayler auch die zweite Flasche Freibier ausgetrunken hatte, sank er in sich zusammen und döste auf seinem Stuhl, und die Frau mit dem Foxterrier begann, dem Barmann von ihrem Hund zu erzählen.

„Ich habe Tippy seit seiner Geburt", sagte sie, „und wir sind immer zusammen gewesen. Jede Minute."

Um Viertel nach zwölf kam ein Mann unter dreißig und halbwegs ordentlich angezogen herein und verlangte einen Johnny Walker Black Label auf Eis mit einem Schluck Wasser darauf, entschloß sich aber noch im selben Augenblick für einen Red Label, und nachdem er getrunken hatte, fragte er: „Wo ist der Fernsehapparat?"

„Haben wir nicht."

„Kein Fernseher?" fragte der Mann fröhlich. „Komische Bar! Ich wußte nicht, daß es in New York noch eine Bar gibt, die kein Fernsehen hat. Aber was machen die Leute denn hier drin?"

„Wir haben nur eine Musikbox."

„O.K. Schon gut", sagte der Mann. „Wenn das alles ist, was Sie haben, da kann man nichts machen. Was möchten Sie hören?"

„Ganz wie Sie wollen."

Der Mann studierte die Titel der Schallplatten, die in der Maschine waren und sagte dann: „Wie wäre es mit Benny Goodman und Jingle Bells?"

„Ganz wie Sie wollen", sagte der Barmann.

„O.K.", sagte der Mann und steckte eine Münze in den Schlitz. „Also Jingle Bells."

Die Maschine begann zu arbeiten, als sich der Mann wieder auf den Barhocker setzte, und der Barmann machte ihm einen zweiten Red Label auf Eis fertig. Die Musik begann, und nachdem er einen Augenblick hingehört hatte, sagte der Mann: „Ist nicht Jingle Bells. Ist was andres".

„Sie haben die falsche Zahl gedrückt."

„Macht nichts", sagte der Mann fröhlich. „Macht ganz und gar nichts. Die Platte ist auch nicht schlecht."

Wieder kam der Junge herein, aber die Musikbox machte einen solchen Lärm, daß der Barmann hätte schreien müssen, so ging er zu dem Jungen und brachte ihn hinaus. „Wo ist mein Vater?" fragte Donald Efaw.

„Er wird jeden Moment kommen. Bleib schön draußen und warte auf ihn."

Das ging so weiter bis um halb drei, als es zu schneien anfing. Der Barmann wählte einen günstigen Augenblick, um hinauszugehen und den Jungen hereinzuholen. Er ging mehrmals in die Küche und holte dem Jungen etwas zu essen. Der Junge saß hinter dem hohen Schanktisch, wo ihn keiner sah, auf einer Kiste und aß von einer Schachtel.

Nachdem er gegessen hatte, fielen ihm die Augen zu. So legte der Barmann seinen schweren Überzieher über ein paar Bierkästen und deckte drei alte Schürzen aus dem Wäschesack und seine Joppe über das Kind. Die beiden hatten kein einziges Wort gesprochen, seit er den Jungen hereingeholt hatte, und nun, da er ausgestreckt dalag und schon in Schlaf versank, lächelte der Junge und weinte zugleich.

Die Trinker vom Morgen waren nun alle gegangen, auch Algayler und die Frau mit den falschen Zähnen und dem Foxterrier, und während der Junge schlief, kamen andere und gingen.

Es war ein Viertel vor fünf, als sich der Junge aufsetzte. Sofort erinnerte er sich, aber wieder sprachen die beiden kein Wort. Er saß da, als wäre er zu Hause in seinem Bett, und nachdem er zehn Minuten mit offenen Augen geträumt hatte, stand er auf.

Es war jetzt dunkel draußen, und es schneite, aber nicht ruhig, sondern in fauchenden Wirbeln. Der Junge schaute einen Augenblick in das Schneegestöber, dann wandte er sich um und sah den Barmann an.

„Ist mein Vater zurückgekommen?"

„Noch nicht“, sagte der Barmann.

Er bückte sich herunter, um mit dem Jungen zu sprechen. „In wenigen Minuten bin ich mit der Arbeit fertig und vielleicht erkennst du euer Haus, wenn du es siehst. Jedenfalls will ich versuchen, dich nach Hause zu bringen.“

„Ist mein Vater nicht zurückgekommen?“

„Nein. Vielleicht hat er vergessen, wo er dich gelassen hat.“

„Er hat mich genau hier vor der Tür gelassen“, sagte der Junge, als ob man so etwas unmöglich vergessen könne. „Genau hier vor dem Eingang.“

„Ich weiß.“

Der Barmann für die Nacht kam in seinem weißen Kittel aus der Küche und sah den Jungen.

„Wer ist das, John? Einer von deinen Sprößlingen?“

„Ja“, sagte der Barmann, denn er wollte dem anderen nicht erzählen, was geschehen war.

„Wo hat er denn den Mantel her?“

Der Junge schrak zusammen und blickte zu Boden.

„Ein alter Mantel von mir“, sagte der Barmann. „Er hat natürlich seinen eigenen Mantel, aber ausgerechnet den will er immer tragen.“

Der Junge schaute verwundert zu dem Barmann auf.

„So sind die Blagen, John“, sagte der Barmann für die Nacht. „Wollen immer schon sein wie der alte Herr.“

„Stimmt“, sagte der andere. Er zog den weißen Kittel aus, zog seine Joppe und den schweren Überzieher an und nahm den Jungen bei der Hand.

„Guten Abend“, sagte er. Der Barmann für die Nacht sah ihm nach, wie er mit dem Jungen auf die Straße hinaustrat.

Schweigend gingen sie an drei Häuserblocks vorbei, traten dann in einen Drugstore ein und setzten sich an die Theke.

„Schokolade oder Vanille?"

„Ich weiß nicht."

„Ein Schokolade- und ein Vanilleeis mit Soda", sagte der Barmann zu dem Mixer. Der Barmann nahm die Vanille, der Junge die Schokolade, dann gingen sie wieder in den Schnee hinaus.

„Nun denk einmal scharf nach, wo ihr wohnt. Hast du keine Ahnung?"

„Nein."

Der Barmann stand im Schnee und überlegte, was zu tun sei. Aber alles war vergeblich, und schließlich gab er auf. „Well", sagte er endlich, „wie wäre es, wenn du mit mir kämst und die Nacht mit meinen Kindern schliefst? Ich habe zwei Jungen und ein kleines Mädchen. Wir werden dir einen Platz zum Schlafen richten, und morgen kommt dein Vater und holt dich ab."

„Ob er auch kommt?"

„Ich bin ganz sicher."

Sie gingen weiter durch den stillen Schnee, und dann hörte der Barmann, wie der Junge leise weinte. Er versuchte nicht, ihn zu trösten, denn er wußte, hier gab es keinen Trost. Der Junge beherrschte sich, er weinte nur ganz leise, während er mit seinem Freund dahinging. Er hatte von Fremden gehört und von Feinden, und er glaubte immer schon, dies sei dasselbe, aber hier war einer, den er vorher nie gesehen hatte und der weder ein Fremder noch ein

Feind war. Dennoch fühlte er sich schrecklich allein ohne seinen verärgerten Vater.

Sie gingen ein paar Stufen hinauf, die mit Schnee bedeckt waren, und der Freund des Jungen sagte: „Hier wohnen wir. Zuerst werden wir etwas Warmes essen, dann kannst du dich schlafen legen, und morgen holt dich dein Vater ab."

„Wann wird er kommen?" fragte der Junge.

„Morgen früh", sagte sein Freund.

Als sie in den Lichtschein des Hauses traten, sah der Barmann, daß der Junge nicht mehr weinte. Vielleicht würde er nie mehr weinen.

WALTER BENJAMIN

Ein Weihnachtsengel

Mit den Tannenbäumen begann es. Eines Morgens, noch ehe Ferien waren, hafteten an den Straßenecken die grünen Siegel, die die Stadt wie ein großes Weihnachtspaket an hundert Ecken und Kanten zu sichern schienen. Dann barst sie eines schönen Tages dennoch, und Spielzeug, Nüsse, Stroh und Baumschmuck quollen aus ihrem Innern: der Weihnachtsmarkt. Mit ihnen aber quoll noch etwas anderes hervor. Die Armut. Wie nämlich Äpfel und Nüsse mit ein wenig Schaumgold neben dem Marzipan sich auf dem Weihnachtsteller zeigen durften, so auch die armen Leute mit Lametta und bunten Kerzen in den besseren Vierteln. Die Reichen aber schickten ihre Kinder vor, um denen der Armen wollene Schäfchen abzukaufen oder Almosen auszuteilen, die sie selbst vor Scham nicht über ihre Hände brachten. Inzwischen stand bereits auf der Veranda der Baum, den meine Mutter insgeheim gekauft und über die Hintertreppe in die Wohnung hatte bringen lassen. Und wunderbarer als alles, was das Kerzenlicht ihm gab, war, wie das nahe Fest in seine Zweige mit jedem Tage dichter sich verspann. In den Höfen begannen die Leierkästen die letzte Frist mit Chorälen zu dehnen. Endlich war sie dennoch verstrichen und einer jener Tage wieder da, an deren frühesten ich mich hier erinnere. In meinem Zimmer wartete ich, bis es sechs werden wollte. Kein Fest des späteren Lebens kennt diese Stunde, die wie ein Pfeil im Herzen des Tages zittert. Es war schon dunkel, trotzdem entzündete ich nicht die Lampe, um den Blick nicht von den dunklen Fenstern überm Hof zu wenden, hinter denen nun die ersten Kerzen zu sehen waren. Es war von allen Augenblicken, die das Dasein des Weihnachtsbaums hat, der heimlichste, in dem er Nadeln und Geäst dem Dunkel opfert, um nichts zu sein als nur ein unnahbares und doch nahes Sternbild im trüben Fenster einer Hinterwohnung.

Doch wie ein solches Sternbild hin und wieder eins der verlassenen Fenster begnadete, indessen viele weiter dunkel blieben und andere, noch trauriger, im Gaslicht der frühen Abende verkümmerten, schien mir, daß diese weihnachtlichen Fenster die Einsamkeit, das Alter und das Darben – all das, wovon die armen Leute schwiegen – in sich faßten. Dann fiel mir wieder die Bescherung ein, die meine Eltern eben rüsteten. Kaum aber hatte ich so schweren Herzens wie nur die Nähe eines sicheren Glücks es macht, mich von dem Fenster abgewandt, so spürte ich eine fremde Gegenwart im Raum. Es war nichts als ein Wind, so daß die Worte, die sich auf meinen Lippen bildeten, wie Falten waren, die ein träges Segel plötzlich vor einer frischen Brise wirft.

„Alle Jahre wieder
kommt das Christuskind
auf die Erde nieder,
wo wir Menschen sind".

– Mit diesen Worten hatte sich der Engel, der in ihnen begonnen hatte, sich zu bilden, auch verflüchtigt. Doch nicht mehr lange blieb ich im leeren Zimmer. Man rief mich in das gegenüberliegende, in dem der Baum nun in die Glorie eingegangen war, welche ihn mir entfremdete, bis er, des Untersatzes beraubt, im Schnee verschüttet oder im Regen glänzend, das Fest da endete, wo es ein Leierkasten begonnen hatte.

HANS SEDLMAYR

Weihnachten

Wenn sich die Weihnachtszeit nähert, verwandelt sich das Haus auf eine geheimnisvolle Weise. Manche Laden und Schränke verschließen sich und der Schlüssel ist nicht mehr zu finden; eines Morgens findet man die zwei Festzimmer verschlossen. Möbel aus ihnen erscheinen an ungewohnten Plätzen und verändern auch die übrigen Zimmer in reizvoller Neuheit. Über gefrorene Wege und bereifte Wiesen werden wir auf lange Spaziergänge geschickt, die von erwartungsvoller Leere sind. Kisten und Pakete treffen ein, der Postbote wird in die Küche beiseitegenommen, wir werden in ein entlegenes Fremdenzimmer verbannt. Unseren Fragen antwortet nur der an den Mund gelegte Finger von Mama und ein lustiges Augenblinzeln. Und immer lustiger wird Mama, sie kann es sichtlich gar nicht aushalten vor lauter guten Neuigkeiten, die sie uns nicht mitteilen darf. Immer dichter wird die weihnachtliche Stimmung. Wenn wir in der Früh auf das Thermometer schauen, das in seiner runden Glashülse zwischen zwei blanken Messingkappen draußen am Fenster des Frühstückszimmers angebracht ist, um zu sehen, ob es bald Schnee geben wird, dann durchzuckt ein süßer Schreck das Herz: da hängt ein winziger Tannenzweig mit feinem silbernen Engelshaar: das Christkind ist an unserem Fenster vorbeigeflogen, wahrscheinlich über den Park, die großen Mistelbäume und die leeren Storchennester. Jetzt kann es nicht mehr lange dauern. Die Küche durchzieht der weihnachtliche Duft von Bäckereien, die nur zu diesem Fest angefertigt werden. Alle die rotgefrorenen Gesichter unter Kopftüchern und Pelzmützen, die man am Hof begegnet, lachen vor weihnachtlichem Wohlwollen. Und endlich weckt uns Mama eines Morgens mit dem Lied „Morgen, Kinder, wirds was geben, morgen werden wir uns freuen, welch ein Jubel, welch ein Leben wird in unserm Hause sein. Einmal werden wir noch wach, heißa dann ist Weihnachtstag!"

Der Vormittag des Weihnachtsabends will kaum vergehen, eine süße Erregung hat sich uns in die Magengrube gesetzt. Irgendwohin in ein Fremdenzimmer verbannt, spielen wir mit dem alten Spielzeug, das jetzt für lange Zeit abdanken muß. Immer wieder schauen wir hinaus auf den Hof, ob nicht ein Zipfel von dem bevorstehenden Wunder zu sehen ist. Im übrigen uns unzugänglichen Haus herrscht eine geheimnisvolle Geschäftigkeit. Nach dem Mittagessen, Milchreis mit Zimt, legen wir uns ein wenig für den langen Abend schlafen, denn wir sollen bis zehn Uhr aufbleiben. Es ist ein stillschweigendes Übereinkommen mit Mama, an das beide Teile nicht glauben – denn wer könnte jetzt schlafen –, aber die Spielregel wird eingehalten und wir erwerben damit das Recht, aufzubleiben. Und dann kommt vor dem Dunkelwerden noch einmal der Spaziergang durch wohlbekannte Gegenden, in die Au oder durch den Park. Am schönsten ist es, wenn an dem bleichen Winternachmittag mit einer roten Nebelsonne einzelne Schneeflocken leise fallen und einen großen Weihnachtsschnee versprechen, aber das ist bei uns sehr selten. Die ganze Gegend ist schon leer und wie verblaßt, denn jetzt zieht sich aller Glanz und alles Leben zurück und wendet sich nach *innen,* in *ein* Zimmer: das Weihnachtszimmer. Dort bereitet sich das Wunder vor, und wenn Papa und Mama durch seine Türe gehen, darf niemand in der Nähe sein. Wenn es langsam dunkel und still zu werden beginnt, waschen wir uns und ziehen unsere schönsten Kleider an. Die Weihnachtsjause erscheint: Nuß- und Mohnstriezeln, so dick gefüllt, daß man fast keinen Teig mehr sieht, nur die glatte braune Schale, und ein großer kunstvoll bezuckerter Guglhupf. Wir sind zu erregt, um ihn ganz zu genießen. Mama strahlt uns an, befühlt unsere Wangen und ist so lustig, daß sie es gar nicht mehr aushalten kann und uns am liebsten schon jetzt alle wunderbaren Geheimnisse verraten möchte. Sie hat mit dem Christkind gesprochen – in dem versperrten Zimmer, wo Papa jetzt Geheimnisvolles zu tun hat – und man sieht es ihr an.

Im Hause ist alles sauber gemacht, alles weggeräumt, die Küche blitzt vor Reinlichkeit, auch unser Gesinde ist schon im Feststaat, niemand darf arbeiten an diesem heiligen Abend.

Dann werden die Rouleaus heruntergelassen und eine heilige Stille verbreitet sich im Haus wie im ganzen Land. Das Christkind kommt. In dem Zimmer, in dem wir uns versammelt haben, ist es halbdunkel, wir sprechen nur halblaut und gehen auf den Zehenspitzen. Mama steht hinter uns und hilft uns warten.

Und auf einmal beginnt in der Ritze zwischen dem blankgewachsten Fußboden und der Flügeltüre des Weihnachtszimmers ein wunderbar mildes Schimmern sich zu zeigen, es wird immer stärker, eine feine silberne Glocke läutet drinnen, wir erschauern vor Seligkeit bis ins Herz, die Türen gehen auf und aus dem unbeschreiblichen Strahlen des Weihnachtszimmers, das der Christbaum allein mit seinen vielen Kerzen erhellt, kommt uns Papa in ernster Freude entgegen und küßt uns und führt uns hinein. O Weihnachtszimmer, o Christbaum, wer könnte dich schildern. Hier ist das Christkind mit seinen Engeln gewesen, das fühlt jeder Sinn. Das himmlisch weiche Licht der Kerzen vermengt sich mit dem süßen, starken Duft des Tannenbaums, der Lebkuchen, der Mandarinen und dem frischen Lack neuer Spielsachen und mit dem Licht und dem Duft durchdringt uns, von unserem geliebten Werkel gespielt, der himmlische Gesang, das Lied aller Lieder:

Stille Nacht, heilige Nacht,
Alles schläft, einsam wacht
Nur das traute hochheilige Paar
Holder Knabe im lockigen Haar
Schlaf in himmlischer Ruh
Schlaf in himmlischer Ruh.

Der Himmel ist auf Erden gekommen.

Oh, wir freuen uns auch auf die Geschenke, die überall im Kerzenschein zauberhaft aufblitzen und die wir noch gar nicht erfassen können. Aber sie wären nichts ohne den

Christbaum, von ihm bekommen sie ihren weihnachtlichen Zauber. Im Christbaum ist Weihnachten ganz. Und mit Recht will Papa haben, daß wir uns erst ganz dem Anschauen des Christbaumes überlassen.

An dieser Stelle bricht das Manuskript ab. Es fanden sich noch folgende Notizen, die sich auf den geplanten Fortgang des Textes beziehen:

Ganz ausführliche Schilderung unseres Weihnachtsbaumes.

Schilderung der Geschenke und wie sie aufgebaut sind. Ihre „Ordnung". Bleisoldaten, Eisenbahn, Buch, Gewehr.

Wenn man jetzt einen Augenblick hinausgeht in das übrige Haus, erscheint es leer, dunkel und fremd: Alle Kraft und Heimlichkeit, alles Licht und alle Wärme haben sich hier zusammengezogen: in dem Weihnachtszimmer und draußen irgendwo in einem Stall, wo das Christkind geboren ist, inmitten der Felder, von denen die Hirten zu seiner Anbetung kommen. Und zwischen diesen beiden Stellen besteht eine geheimnisvolle Verbindung.

Das weihnachtliche Abendessen.

Das Weihnachtsspiel der Dorfleute in der Küche: Adam und Eva. Der große Stern auf dem Hof.

Das Schlafengehen in der Weihnachtsnacht.

Das Erwachen in der Früh. Köstlicher Augenblick.

ULRICH KNELLWOLF

Die Geschichte vom Engel an der Himmelstüre

Am Anfang hatte Gott vor, im Paradies mit den Menschen zusammen zu leben. Aber die Menschen wollten selber groß sein und selber die Kraft des Lebens haben – darum gedachten sie Gott zu entthronen und sich an seine Stelle zu setzen. Als Gott das merkte, wurde er zornig und verbannte die Menschen zur Strafe aus dem Paradies. Und Gott rief einen der großen Engel und befahl ihm: „Du nimmst ein Schwert und stellst dich damit vor dem Tor zum Paradies auf. Du darfst niemanden hereinlassen. Wenn einer von den Menschen daherkommt und ins Paradies will, dann jagst du ihn fort. Ich will die Menschen nicht mehr im Paradies haben. Mit ihrer krankhaften Ehrsucht machen sie es mir nur kaputt."

Der Engel wagte Gott zu widersprechen. „Du bist doch der Vater der Menschen. So ganz kannst du dich doch nicht von ihnen abwenden." „Ja, ich bin der Schöpfer der Menschen", sagte Gott. „Aber ich habe die Menschen anders gemeint." Und er schärfte dem Engel noch einmal ein, ja aufzupassen und niemanden ins Paradies zu lassen. „Für die Menschen ist mein Paradies verschlossen", sagte Gott.

Da holte der Engel im himmlischen Zeughaus ein großes Schwert und stellte sich als Wache am Eingang zum Paradies auf. Wenn er geradeaus schaute, sah er auf die Erde und sah die Menschen, wie sie lebten und was sie taten. Und wenn er über die Schulter zurückschaute, sah er ins Paradies.

Zuerst hatte der Engel Erbarmen mit den Menschen. Er erkannte, wie sie sich abmühen mußten auf der Erde. Dann aber merkte er auch, wie sie sich untereinander aufführten, wie sie gegeneinander waren, einander alles mißgönnten, wie sie Krieg führten gegeneinander und einander betrogen. Je länger der Engel das Treiben der Menschen auf der Erde sah, desto mehr mußte er Gott recht geben. Und schließlich war der Engel auch davon überzeugt, daß die Menschen nicht ins Paradies gehörten.

So stand er vor der Türe und hielt sein Schwert fest in beiden Händen und machte ein strenges Gesicht. Und wenn einer von den Menschen sich auch nur von ferne der Himmelspforte näherte, winkte der Engel schon ab mit seinem Schwert und vertrieb ihn. So wurde das Los der Menschen auf der Erde immer trauriger, und die Menschen wurden gegen andere und gegen sich selber immer böser.

Manchmal schaute der Engel über seine Schulter zurück ins Paradies. Da sah er, wie Gott in seinem Garten spazierte. In der ersten Zeit sah Gott ganz froh aus. Er war erleichtert, daß er die Menschen los war und im Paradies wieder seinen

Frieden hatte. Aber mit der Zeit veränderte sich Gottes Gesicht. „Gott ist traurig“, dachte der Engel. Und er fragte sich, ob es Gott vielleicht langweilig sei, so ohne Menschen. Gott sah aus wie einer, der nichts zu tun hat und nicht weiß, wofür er da ist. Und Gott ging immer ärgerlicher und unruhiger im Garten auf und ab.

So stand der Engel an der Himmelstüre, lange Zeit, viele Jahrhunderte lang.

Eines Tages, als er wieder über die Schulter ins Paradies schaute, sah er, wie Gott sich mit seinem Sohn und mit dem Heiligen Geist unterhielt. Und er hörte, wie Gott zu den beiden sagte: „Ich will nicht länger warten. Schließlich bin ich für die Menschen da.“

Bald darauf gab es Rumor im Himmel. Der Engel vor der Himmelstüre sah seine Kollegen aufgeregt im Paradies herumflattern. Alle packten ihre Bündelein. Da kam auch schon der Engel Gabriel geflogen. Unser Engel wollte ihn etwas fragen. Aber der Engel Gabriel winkte ab und rief: „Ich habe es eilig. Ich muß nach Nazareth, einer jungen Frau mitteilen gehen, daß sie ein Kind bekommen wird.“

Unser Engel schüttelte den Kopf. Er hatte auf seinem Posten schon hunderttausend Mal gesehen, wie auf der Welt ein Kind geboren wurde. Aber noch niemals war das durch einen Engel angekündigt worden – und erst noch durch Gabriel!

Dann kam eine ganze Horde kleiner Engel und flog aus dem Himmel. Sie machten einen großen Lärm. „Wir müssen nach Bethlehem, müssen Musik machen über dem Dach eines Stalls“, riefen sie und lachten vor Freude.

Am gleichen Tag kam einer von den himmlischen Dienern zu dem Engel an der Himmelstüre und sagte zu ihm: „Du sollst zum Chef kommen." „Ich darf hier nicht weg", sagte der Engel. „Gott hat es mir ausdrücklich verboten." „Aber jetzt hat er gesagt, ich soll dich rufen. Kommst du oder kommst du nicht?"

Dem Engel an der Himmelstüre blieb nichts anderes übrig, als zu gehorchen. Er verließ seinen Posten und folgte dem Diener zu Gott. Aber er hatte ein wenig Angst, und als sie vor Gott traten, sagte er: „Ich wollte meinen Posten nicht verlassen – aber du habest mich rufen lassen. Jetzt kann ich natürlich nicht mehr garantieren, daß nicht doch etwa ein Mensch ins Paradies hereinkommt!"

„Das macht nichts", sagte Gott, und er machte ein fröhliches Gesicht. „Die sollen nur kommen. Und du, mein lieber Engel, du sollst sie rufen gehen. Du bekommst von mir einen neuen Auftrag. Der ist wichtiger als der alte. Du fliegst jetzt nach Bethlehem. Bring das Schwert ins Zeughaus zurück und laß dir dort eine Karte von der Erde geben, damit du die Stadt auch findest. Außerhalb von Bethlehem weiden Hirten ihre Herden auf dem Feld. Das sind die, die am meisten Last und Angst zu tragen haben im Leben. Zu denen gehst du und sagst ihnen, sie sollen sich nicht länger fürchten. Der Himmel sei nicht mehr zu. Er stehe offen für sie – und sie sollen nur kommen und vertrauensvoll eintreten. Ich erwarte sie. Ich will wieder mit ihnen zusammen sein."

Das war der neue Auftrag des Engels an der Himmelstüre. Statt den Menschen mit dem Schwert Angst zu machen, sollte er zu den Menschen gehen und ihnen sagen: „Fürchtet euch nicht. Seht, ich verkündige euch große Freude, die allem Volk widerfahren wird. Euch ist heute der Heiland geboren. Die Himmelstüre ist offen für euch. Freut euch und tretet ein."

ALFRED KOMAREK

Der gefallene Weihnachtsengel

Wegen ganz besonderer Fähigkeiten wurde die Hausfrau Eva N. mitten im Advent von ihrem Erdendasein erlöst und zum Weihnachtsengel berufen. Sie hinterließ einen Mann, den sie mochte, einen Sohn, den sie liebte, und fuhr gen Himmel.

Eva N. war zweiunddreißig Erdenjahre alt, trug ihr rabenschwarzes Haar wie's eben fiel und war auch sonst recht unbekümmert, beinahe in allen Dingen. Sie hatte einen Beruf erlernt, Lehrerin, und übte ihn zuletzt nur mehr in den eigenen vier Wänden aus: sie lehrte ihren Sohn den doppelten Seemannsknoten, ihren Mann das Fürchten und sich selbst ein wenig von allem, was sie fast vergessen hatte, zwischen Herd und Tiefkühltruhe. Damit war es jetzt aus. Der Engel von der Bekleidungskammer hatte sie etwas barsch in ein Rauschgoldgewand gesteckt, ein paar kaum gebrauchte Flügel wurden an ihrem Rücken befestigt und die Dienstharfe zugeteilt. Der Ausbildungsleiter, ein älterer Engel, der schon in Bethlehem mit dabei gewesen war, begrüßte die neuen Schüler.

Eva N. zerdrückte eine weihrauchduftende Träne und dachte an zuhause. „Du, und Engel?“ würde ihr Mann sagen. „Daß ich nicht lache.“ Und dann doch nicht lachen. Und ihr Sohn? „Kannst du jetzt fliegen?“ würde er fragen. Und „Darf ich mit? Nur einmal, rund ums Haus ...“

Im Kühlschrank war noch Pfefferschinken von gestern und grüner Paprika.

Ihr roter Schirm stand noch im Vorzimmer und Besuch hatte sich angesagt.

Vielleicht gab es Telefon hier oben? „Iß den Pfefferschinken.“ Könnte sie ihm sagen. „Und Bier steht im Keller. Und warte nicht zu sehr auf mich. Aber das hast du ja ohnedies nie getan ...“

Als sie nach einem himmlisch anstrengenden Tag in ihrem Wolkenbett lag, dachte sie lange nach: welche besonderen Fähigkeiten waren das nur, die sie so hoch hinaufbefördert hatten? Stimmt schon, sie konnte Gewürzspekulatius backen und ein wenig Gitarre spielen, verstand sich aufs Kerzengießen und das Basteln von Strohsternen.

Auch mit dem Himmel hatte sie schon zu tun gehabt, früher. Manchmal war sie selbst ihr Firmament und spannte sich hoch und gläsern über ihre Angst, manchmal holte sie den Himmel einfach zu sich herunter und versteckte ihn lachend vor ihrem Mann.

Vielleicht war es ihr Kopf, der sie zum Weihnachtsengel tauglich machte?

Ein Prophet wohnte darin, als Untermieter, ein lahmer Pegasus fraß sein Gnadengedankenbrot und hinter allen

Bildern, die sie gesammelt hatte, die Jahre hindurch, brannte ein kleines, hellrotes Feuer, von dem keiner recht wußte, wer es angezündet hatte.

Oder war es ihr Äußeres? Hatte sie vielleicht Engelshaar, Engelsaugen, eine Engelsnase oder ein Engelsknie? Und sie dachte daran, bevor sie einschlief, ob auch Engel Träume hätten. Ob darin auch ein kleines Höllenfeuer brennen dürfe, in aller Unschuld.

Tags darauf wurden die praktischen Fächer geübt: Harfe, Latein, Krippenkunde, Astronomie. Endlich schoß ein besonders schnittiger Engel heran und rief zur Flugstunde. „Wir unterscheiden“, begann er: „Steigflug, Schwebeflug und Sturzflug. Und noch etwas: Engel flattern nicht. Schlagen Sie Ihre Schwingen mit Würde.“

Dann flog er vor: einmal quer durch den Himmel, im kühnen Sturzflug zur Erde, und wieder hoch über einer Kirchenkuppel, im Aufwind der Glocken und Gesänge.

Sie versuchte es auch. Etwas taumelig zuerst, dann sicher und frei.

Als sie etwas tiefer flog, konnte sie ihr Haus sehen. Schnee lag auf dem Dach.

Der Briefträger brachte ein dickes Paket, die Katze scharrte an der Tür und wollte ins Haus, die Nachbarin schaute hinüber und sagte etwas zu einer zweiten, älteren Frau, die darauf heftig nickte.

Drinnen im Haus läutete das Telefon, sie konnte es hören, mit ihren feinen Engelsohren. Wer das nur war?

Und sie vergaß auf einen Flügelschlag und stürzte ab.

Da lag sie nun im Schnee, das Rauchgoldgewand zerrissen, die Flügel ein wenig abgeschunden. Weit hatte sie es gebracht: ein heruntergekommener Engel zu Fuß.

Sie ging zum Bürgermeister und stellte sich vor, als Weihnachtsengel. Dieser reihte sie ein in der Gemeindekartei, und zwar unter: unbekannte Flugobjekte. Dann reichte er sie an den Pfarrer weiter. „Dich kenn ich doch", sagte der Pfarrer.

„Aber ich muß mich täuschen." Im übrigen war er ein moderner Mann und hatte mehr Sinn fürs Abstrakte. „Du bist von Gestern, Kind," brummte er. „Versuch's beim Kirchenchor." „Du bist mir vielleicht ein Engelchen", sagte der Chorleiter, und nahm sie vertraulich um die Schulter: „komm doch in 20, 30 Jahren wieder ..."

Da verbarg sie scheu ihre Flügel, senkte den Kopf und rannte nach Hause.

Dort schlüpfte sie durchs Kellerfenster und verbarg sich vorerst hinter dem Weihnachtsbaum, den sie gekauft hatte, von der freiwilligen Feuerwehr, vor sieben Tagen, bevor sie ... ach was. Hallelujah. So ist das Leben.

Ihr Sohn fand sie, gleich, als er nach Hause kam, vom Kindergarten. Wo wohl der Engel herkommt? Dachte er, schaute unters Kleid und riß probehalber eine Flügelfeder aus. Ein echter Engel. Und schwarzes Haar. Keine Spur von goldenen Stoppellocken. Ob man mit ihm spielen kann? Und er zeigte dem Engel vorsichtig seine kleine Gitarre. Die mit der einen Saite. Und der Engel nahm sie und spielte ein Lied. Mit nur einem Ton. „Schön", sagte das Kind. „Ich weiß den Text dazu."

Ihr Mann fand sie gleich, als er nach Hause kam, vom Büro. Wo wohl der Engel herkommt? Dachte er, schaute unters Kleid und riß ihr probehalber eine Flügelfeder aus. Ob man mit spielen kann? Und er zeigte dem Engel vorsichtshalber seine Gitarre, die zerbrochene, vom letzten Jahr. Und der Engel nahm sie und fügte zwei Stücke zusammen. „Schön", sagte er. „Ich weiß das nächste Stück."

Die beiden nahmen ihren Fund und trugen ihn in die gute Stube. Dort saß der Engel nun, die Flügel sittsam gefaltet und wußte nicht recht.

Oft kamen Besucher, den Mann zu trösten, bemerkten den Engel und dachten sich ihren Teil. Nur ihr Vater schaute ein wenig seltsam drein und sagte nur: „Und Sie sind wirklich geflogen? Bei Ihrem spezifischen Gewicht?"

Und als sie traurig nickte, dachte er: Sie hat schon wieder abgenommen.

Der Engel versuchte sich nützlich zu machen, buk Gewürzspekulatius, spielte ein wenig Gitarre, goß Kerzen und bastelte Strohsterne. Nur mit dem Himmel hatte sie Schwierigkeiten, lag er doch schwer auf ihren Schultern und auf ihren Händen. Eines Tages kam ein reisender Teufel des Wegs. „Ich nehme Ihnen das Ding ab, Fräulein", versprach er.

„Sie brauchen nur den Höllenboten zu abonnieren. Vorerst für ein Jahr."

Sie müsse sich's überlegen, bat sie. Ob er nicht wiederkommen könne, ein, zwei Ewigkeiten später, oder so …

„Engel", fragte das Kind, „wer war das?"

„Ach, nur die Müllabfuhr …"

Jeden Tag, wenn es Abend wurde, flatterte der Engel mühsam unters Dach und schlief in einem verlassenen

Schwalbennest. Manchmal schaute ihr Mann vorbei und fragte, ob sie's nicht bequemer haben wolle.

Und er sei ohnedies recht einsam, seit …

Da schlug sie ihm die Flügel um die Ohren, nicht zu wild, aber er konnte es spüren. Und sie gab ihm ein Buch zu lesen, ADVFE. Allgemeine Dienstvorschrift für Engel. Kapitel Weihnachtsengel. „Na und", sagte er. „Papier." Sie aber war längst eingeschlafen.

Er ging und kaufte ihr ein neues Rauschgoldgewand, eine dicke Wachskerze besorgte er und ein Fläschchen Parfum: Myrrhe Nr. 5.

Auch benahm er sich weniger bockfüßig, von Tag zu Tag, lachte den Himmel nicht mehr aus und wenn sein Sohn fragte, wie das nun sei, mit dem Hirten, dem Ochs und dem Esel, brummte er: „Wenn wir schon einen Engel haben unterm Dach, mag's schon auch andre Wunder geben."

Und als der reisende Teufel wiederkam, mit einigen wüsten Weibern im Musterkoffer, sagte er standhaft: „Fahr ab, mein Sohn. Ich beziehe jetzt von Himmel und Co." Und verlegen fügte er hinzu: „Probeweise."

Auch der Sohn versuchte dem Weihnachtsengel zu gefallen. Eifrig schnitzte er Schafe und Hirten, zwickte die Katze nicht mehr in den Schwanz, schenkte dem Nachbarskind eine Gummispinne und fiel dem Katecheten „auf die Nerven": „Was essen Engel?" fragte er. „Und brauchen sie viel Auslauf? Kann man ihnen die Flügel stutzen und was haben sie drunter an?"

„Wir haben nämlich“, pflegte er abschließend hinzuzufügen, „wir haben nämlich so einen zu Hause.“

Auch an den Weihnachtsengel hatte er eine Frage: „Haben auch Weihnachtsengel Söhne? Und wer sind denn ihre Weihnachtsmänner?“

Und der Engel schaute nach in der ADVFE. Zu dumm.. Die Seite hatte einer herausgerissen …

Je näher das Weihnachtsfest rückte, desto unruhiger wurde der Weihnachtsengel. Er war schon jetzt für nicht vieles zu gebrauchen, was sollte erst nachher mit ihm geschehen?

Schlaflos lag er unter dem Dach und spielte nervös mit den Schwungfedern. Ob er versuchen sollte, fortzufliegen?

Kurz vor dem Fest geschah es dann: ein dicker Brief fiel aus den Wolken.

An Eva N., gefallener Weihnachtsengel. Stand darauf. Absender: CIA. Civil Intensity Angel. Sie werden angewiesen, stand darin, an Ihrem Wohnort den Himmel in geheimer Mission zu installieren.

Der Einfachheit halber in Ihrer früheren, flügellosen Gestalt. Auch das Tragen von Rauchgoldgewändern ist zu unterlassen. Kaufen Sie sich Jeans. Und dann lag noch etwas bei: die herausgerissene Seite aus der Allgemeinen Dienstvorschrift für Engel. Merke: stand da auf zartrosa Bütten: Merke: Engel sind auch nur Menschen.

Anmerkung: Ähnlichkeiten mit lebenden Personen sind kein Zufall und durchaus erwünscht. Und irgendeinen Himmel hat schließlich jeder im Haus.

DINO BUZZATI

Zuviel Weihnachten

„Entsinnst du dich noch", fragte im Paradies der Tiere die Seele des Eselchens die Seele des Ochsen, „entsinnst du dich noch zufällig jener Nacht vor vielen Jahren, als wir in einer Art Hütte standen und gerade dort in der Krippe …?"

„Laß mich nachdenken! Ja richtig", bestätigte der Ochse, „in der Krippe lag ein neugeborenes Kind. Wie hätte ich das vergessen können? Es war ein so schönes Kind."

„Seit damals, wenn ich nicht irre", sagte nun das Eselchen, „weißt du, wie viele Jahre seit damals vergangen sind?"

„Wo denkst du hin, ich mit meinem Ochsengedächtnis." – „Eintausendneunhundertsechzig." – „Was du nicht sagst!"

„Und im übrigen, weißt du übrigens, wer das Kind gewesen ist?"

„Wie soll ich das wissen? Es waren doch Leute auf der Durchreise. Gewiß ein wunderschönes Kind. Merkwürdig, daß es mir nie aus dem Sinn gekommen ist und dabei schienen seine Eltern doch ganz gewöhnliche Menschen. Sag mir, wer war es?" Das Eselchen flüsterte etwas ins Ohr des

Ochsen. „Aber nein“, sagte dieser verblüfft. „Wirklich? Du scherzt doch wohl nur?“

„Nein, es ist die reine Wahrheit. Ich schwöre ... übrigens hatte ich es schon damals sofort verstanden.“

„Ich nicht, ich gebe es zu“, sagte der Ochse, „aber du bist eben intelligenter als ich. Ich habe es nicht einmal geahnt. Obwohl es wirklich ein wunderschönes Kind war.“

„Nun gut, seit damals feiern die Menschen jedes Jahr ein großes Fest zu seinem Geburtstag. Es gibt keinen schöneren Tag für sie. Wenn du sie nur sehen könntest. Es ist eine Zeit allgemeiner Heiterkeit, der Seelenruhe, der Sanftmut, des Friedens, der Familienfreuden, des Sich-gerne-Habens. Selbst Mörder werden zahm wie Lämmer. Weihnacht nennen es die Menschen. Übrigens, mir kommt ein guter Gedanke. Da wir schon davon sprechen, soll ich sie dir zeigen?“

„Wen?“

„Die Menschen, die Weihnachten feiern.“

„Wo?“

„Unten auf der Erde.“

„Warst du schon einmal dort?“

„Jedes Jahr mache ich einen Sprung hinunter. Ich habe einen besonderen Passierschein. Aber ich denke, du wirst auch einen bekommen, denn nach allem könnten wir zwei wohl auch auf etwas Anerkennung Anspruch erheben.“

„Weil wir das Kind damals mit unserem Atem wärmten?“

„Komm, beeile dich, wenn du nicht das Beste versäumen willst. Heute ist Heiliger Abend.“

„Und mein Passierschein?“

„Sofort gemacht, ich habe einen Vetter im Paßamt.“

Der Passierschein wurde bewilligt. Sie setzten sich in Bewegung und unendlich leicht, wie es körperlosen Säugetieren eigen ist, schwebten sie vom Himmel auf die Erde. Bald entdeckten sie ein Licht und hielten darauf zu. Aus einem wurden Tausende, es war eine riesenhafte Stadt.

Und da durchwanderten nun Eselchen und Ochse, unsichtbar, die Straßen des Zentrums. Da es sich um Geister handelte, fuhren Autobusse, Automobile, Straßenbahnwagen durch sie hindurch, ohne Schaden anzurichten und selbst durch Mauern war es ihnen gegeben zu gehen, als ob sie Luft wären. So vermochten sie alles nach Herzenslust zu betrachten.

Es war wirklich ein eindrucksvolles Schauspiel: Tausende von Lichtern in den Schaufenstern, Blumengewinde, Girlanden, unzählige Tannenbäume; die ungeheure Stauung der Wagen, die sich abmühten, durch enge Straßen zu fahren und das wirblige Gewimmel und Hin und Her der Menschen, die sich in den Läden drängten, hinein- und wieder herausströmten, sich mit Paketen und Paketchen beluden und alle gespannte Gesichter hatten, als würden sie gejagt. Das Eselchen schien bei diesem Anblick wie verzückt, während der Ochse sich voller Entsetzen umsah.

„Höre, Freund Eselchen, du hast mir gesagt, daß du mir Weihnachten zeigen wolltest! Du hast dich wohl geirrt. Ich sage dir, hier ist doch Krieg!"

„Siehst du denn nicht, wie zufrieden alle sind?"

„Zufrieden? Mir kommen sie wie Wahnsinnige vor. Sieh doch auf ihre besessenen Gesichter, ihre fiebrigen Augen."

„Du bist eben ein Provinzler, mein lieber Ochse, und bist

nie aus dem Paradies herausgekommen. Du verstehst die modernen Menschen nicht. Um sich zu unterhalten, um sich zu freuen, um sich glücklich zu fühlen, haben sie es nötig, ihre Nerven zu ruinieren."

Laufburschen auf Fahrrädern, die gefährlich große Paketbündel balancierten, zogen vorbei; Lieferwagen wurden be- und entladen; riesige Mengen von Süßigkeiten und Berge von Blumen lösten sich unter dem Ansturm keuchender Menschen auf; Lampen blitzten und verloschen; seltsame Lieder, die Schreien ähnelten, dröhnten von allen Seiten. Dank seiner körperlosen Natur flog der Ochse neugierig zu einem Fenster im siebten Stock hinauf. Das Eselchen folgte gutmütig.

Sie sahen in ein reichmöbliertes Zimmer, wo eine sorgenvolle Dame vor einem Tisch saß. Linker Hand lag ein Haufen von fast einem halben Meter farbiger Karten und Kärtchen aufgebaut und rechts von ihr ein Stoß weißer Billette. Die Dame, sichtlich bemüht, keine Minute zu verlieren, nahm hastig ein farbiges Kärtchen, betrachtete es einen Augenblick lang, sah in einem dicken Buch nach und schrieb sodann etwas auf eines der weißen Billette, steckte es in einen Umschlag, schloß den Umschlag, dann nahm sie vom linken Stoß ein neues buntes Kärtchen und wiederholte die ganze Prozedur. Ihre Hände bewegten sich so schnell, daß man ihnen kaum folgen konnte. Aber der Haufen bunter Kärtchen hatte einen eindrucksvollen Umfang. Wie lange würde sie wohl brauchen, um alles zu erledigen? Man sah es der Unglücklichen an, daß sie fast nicht mehr konnte und dabei war sie erst am Anfang.

„Hoffentlich bezahlen sie sie wenigstens gut für solche Schufterei", sagte der Ochse.

„Bist du naiv, lieber Freund! Das ist eine außerordentlich reiche Dame aus der besten Gesellschaft."

„Und warum arbeitet sie sich dann zu Tode?"

„Sie arbeitet sich gar nicht zu Tode, sie antwortet nur auf Glückwunschkarten."

„Glückwunschkarten? Was nützen die?"

„Nichts, absolut nichts. Aber wer weiß warum, die Leute haben jetzt eine besondere Vorliebe dafür."

Sie sahen in ein anderes Zimmer hinein. Auch da saßen Leute mit Schweißperlen auf der Stirn und in Aufregung und schrieben Glückwünsche auf Glückwunschkarten. Überall, wo die beiden Tiere hineinschauten, richteten Männer und Frauen Päckchen, schrieben Adressen, liefen ans Telefon, eilten blitzschnell von einem Zimmer ins andere, Schnüre, Bänder, Kärtchen, Gehänge tragend, während junge Dienstboten mit von Müdigkeit gezeichneten Gesichtern weitere Päckchen, weitere Schachteln, weitere Blumen und neue Stöße von Briefen, Rollen, Kärtchen und Bogen herbeischleppten. Und alles war Hast, Aufregung, Verwirrung, Mühe und eine schreckliche Anstrengung.

Überall, wo sie hinkamen, zeigte sich ihnen dasselbe Schauspiel. Kommen und Gehen, Kaufen oder Verpacken, Absenden oder Empfangen, Einwickeln, Auswickeln, Rufen und Antworten. Und alle blickten immer nach der Uhr, alle hasteten, alle keuchten von Furcht besessen, nicht zur Zeit fertig zu werden, jemand brach zusammen, schnappte nach Luft unter der immer größer werdenden Flut der Pakete,

Päckchen, Kärtchen, Kalender, Geschenke, Telegramme, Briefe, Karten, Billette und so weiter.

„Du hat mir doch gesagt", bemerkte der Ochse, „daß es ein Fest der Heiterkeit, des Friedens und der Seelenruhe sei."

„Tja", antwortete das Eselchen – „einmal war es auch so. Aber was soll ich dir sagen, seit einigen Jahren scheinen die Menschen beim Nahen des Weihnachtsfestes wie von einer geheimnisvollen Tarantel gestochen und verstehen rein gar nichts mehr. Hör ihnen doch zu."

Verwundert hörte der Ochse hin. In den Straßen, den Geschäften, den Büros, den Fabriken sprachen die Menschen schnell miteinander und wechselten, wie Automaten, monotone Redensarten: „Fröhliche Weihnachten" – „Gesegnete Weihnachten" – „Danke, auch Ihnen" – „Fröhliche Weihnachten" – „Gesegnete Weihnachten" – „Danke" – „Fröhliche Weihnachten" – „Fröhliche Weihnachten" ...

Es war ein Geflüster, das die ganze Stadt füllte.

„Glauben sie denn daran?" fragte der Ochse, „meinen sie es wirklich so? Lieben sie ihren Nächsten?"

Das Eselchen schwieg.

„Wollen wir nicht etwas abseits gehen?" schlug der Ochse vor, „der Kopf brummt mir, und ich habe Sehnsucht nach dem, was du Weihnachtsstimmung nennst."

„Im Grunde auch ich", gab das Eselchen zu.

So schlüpften sie durch die wirbelnden Schleusen der Wagen, entfernten sich ein wenig vom Zentrum, von den Lichtern, dem Lärm, der Raserei.

„Du, der mehr davon versteht als ich", begann der

Ochse, immer noch wenig überzeugt, „sag mir doch, bist du wirklich sicher, daß das dort keine Verrückten sind?"

„Nein, nein, es ist eben einfach Weihnachten."

„Dann ist dort zuviel Weihnachten. Erinnerst du dich noch damals in Bethlehem an die Hütte, die Hirten und das schöne Kind? Auch dort war es kalt, aber welcher Frieden, welche Zufriedenheit. Wie anders war es damals."

„Ja, und die fernen Klänge des Dudelsacks, die man nur ganz leise hörte."

„Und das sanfte Flügelschlagen auf dem Dach. Was für Vögel das wohl waren?"

„Vögel? Aber nein doch, Engel waren es."

„Und die drei reichen Herren, die Geschenke brachten, entsinnst du dich noch ihrer? Wie wohlerzogen sie waren, wie leise sie zusammen sprachen, welch vornehme Leute. Könntest du dir sie heute in diesem Rummel vorstellen?"

„Und der Stern? Denkst du noch an den hellen Stern, der damals gerade über der Hütte stand? Ob es ihn wohl heute noch gibt? Sterne haben doch meist ein langes Leben."

„Ich fürchte nein", sagte der Ochse skeptisch, „es sieht so wenig nach Sternen hier aus."

Sie hoben ihre Köpfe, und wirklich man sah nichts. Über der Stadt lag eine Decke dichten Nebels.

Aus dem Tagebuch des Erzherzogs Johann von Österreich

24. Dezember 1823

„... Abends ging ich mit Bruder Ludwig zu Bruder Carl. Da es Heiliger Abend ist, so waren alle Kinder vereinigt und was von uns da ist, versammelt. Obgleich ich einige Freude hatte, alle die Kleinen, welche die Hoffnungen des Hauses ausmachen, zu sehen, so verstimmt mich gleich die große Hitze durch die vielen Lichter. In früherer Zeit, als ich klein war, gab es ein Kripperl, welches beleuchtet war, dabei Zuckerwerk – sonst aber nichts. Nun ist kein Kripperl mehr! Wir sahen einen Großbaum mit vielem Zuckerwerk und Lichteln und ein ganzes Zimmer voll Spielereien aller Art und wahrlich manches sehr Schönes und Vieles, welches in wenigen Wochen zerschlagen, zertreten, verschleppt sein wird und welches gewiß tausend Gulden gekostet. So war das Bett für die Puppen allein, welches 400 fl. Münze soll gekostet haben. Dies verstimmt mich noch mehr. Zudem war dies in einem Zimmer, wo ich früher bei meinem Oheim so oft gespeiset, der mein Wohltäter gewesen. Mir kam mehr Lust zum Beten als zur Freude; ich dachte an ihn. Endlich als wir in das Zimmer meiner Schwägerin gingen und ich Zimmer an Zimmer durchging, keinen Fleck im Hause mehr fand, wie ich es gekannt, alles von einer Pracht mit einem solchen Aufwand gemacht sah, da wurde es mir fremd, ich fand mich so einsam und keinen frohen Blick konnte ich mehr machen. Ich dachte, der alte Herr hat so viel verwendet, nicht stehet mer davon. Izt ist alles umgekehrt, verändert und unendliches Geld ausgegeben. Wieviel ist da von so kurzer Dauer, der Mode unterliegend. So schön, so ausgesucht, daß ich nicht wußte, wo mich hinzustellen noch hinzusetzen. Es stand vor mir das Elend meiner Kinder im Gebirge, wo manches kaum mehr einen guten Rock hat. Da zog es mir das Herz zusammen. Gott, hätte ich das Geld, was da stecket! Wieviele Tränen getrocknet, wieviele Mißmutige wieder aufgerichtet, wieviele wieder meinem guten Kaiser gewonnen! Doch still davon, solche Gefühle sind der Hauptstadt fremd. Ich habe sie in meinen Bergen gefunden, mit diesen bin ich dem hiesigen Leben fremd geworden. Ach, mein Brandhof mit seinen glatten Zimmern und Wänden ist auch warm, ist auch rein, ist auch schön und wer vorbeigeht siehet ihn dort gerne an. Hätte ich noch so ein großes Einkommen, ich würde diesen doch nicht anders bauen. Es sind gar so viele, die brauchen und jetzt ist es nicht an der Zeit zu solchem großen Aufwand. Die Menschheit will Hilfe und dies muß man nicht höhnen, dadurch, daß man soviel baut …"

LUIGI SANTUCCI

Ein Schuh

Don Martino war ein so friedlicher und mit dem Leben versöhnter Mensch, daß er die Katzen um das Vorrecht des Schnurrens beneidete; denn weil die Menschen immer unzufrieden sind, hat es ihnen der liebe Gott mit gutem Grund vorenthalten. Mager und spärlich, mit einem Wickelkindgesicht, war er kahl wie ein Schuhabsatz, und dieser haarlose Schädel erschien sozusagen als das Bildnis seiner märchenhaften Freigebigkeit. „Ob er auch die Haare den Armen geschenkt hat?“ fragten die Gläubigen und zeigten sich gegenseitig die Glatze ihres Pfarrers.

Don Martino besaß wirklich nichts anderes als seinen Priesterrock, sein Brevier und das Wörtchen Ja. Der einzige Kummer dieses immer zufriedenen Herzens war der Klatsch der Leute über seine Angelegenheiten und daß sie in ihm eine Art von seltenem Vogel sahen; denn so viel List er auch darauf verwandte, sich nicht sehen zu lassen, den Betschwestern und -brüdern des Dorfs, wahren Sakristeispitzeln, gelang es immer, seine menschenfreundlichen Streiche herauszufinden und auszuposaunen.

„Ich gebe niemand nichts“, erklärte er ärgerlich und

krümmte sich unter den Lobsprüchen. „Die Armen sind die einzige Bank, der ich vertraue und bei der ich meine Schätze hinterlege. Ihr könnt euch darauf verlassen, daß dabei ordentliche Zinsen herausspringen. Geschäft ist Geschäft."

Mit dem Altarkelch fing es an: er verkaufte den goldenen und kaufte einen aus Kirschholz. („Hölzerner Kelch – goldener Priester." Wie hatte ihm dieses Sprüchlein eines alten Seminarlehrers gefallen!) Dann vierzig Jahre voll lustiger Streitereien mit Marietta, seiner Schwester und Haushälterin, die sich bald gezwungen gesehen hatte, im Vorplatz zu schlafen, vor der Eingangstür, weil Don Martino nachts das Haus ausraubte, Töpfe, Teller, Matratzen und allen anderen Überfluß davonschleppte, mit dem seiner Meinung nach die Pfarre vollgestopft war. Außer seiner Schwester brachte Don Martino auch alle Wohltäter zur Verzweiflung, denn es gelang ihnen nie, ihm in irgend etwas wohlzutun. Dieser absonderliche Priester glich einer schrägen Röhre, und alles, was man ihm in die Tasche steckte, rutschte, ehe man Amen sagen konnte, in die Taschen der anderen – was den heiligen Zorn der Geber erweckte. Ein schönes lebendiges Schweinchen, das man dem Pfarrer anläßlich einer Taufe geschenkt hatte, war eine Stunde später im Hut eines blinden Bettlers wiedererkannt worden, der es mit verlegenem Staunen streichelte. „Was hat das schon für einen Sinn, für ihn Kuchen zu backen?" klagte die Äbtissin der Kanossianerinnen am Klostertor der Marietta. „Wissen Sie, die Torten in Form von Baumstümpfen mit der Rinde aus Schokolade, die aussieht, als sei sie echt, und den Pilzen aus

Marzipan, an denen unsere Schwestern zwei Tage lang arbeiteten? Heute früh ist er dagewesen, um unsere Beichten zu hören und wir haben ihm eine zu seinem morgigen Geburtstag geschenkt. Keine zehn Minuten waren vergangen und Schwester Veronika begegnet Giacomino, dem Dorftrottel, der sie wie Brot herunterschlingt!" – „Was soll ich Ihnen antworten, Mutter? Gestern ist die Baronin gekommen und hat sich darüber beklagt, weil er, wenn sie ihn zum Essen einladen, mitten unter diesen adligen Herrschaften ganze Hühnerstücke in die Taschen stopft. Und ich muß dann jedesmal ein neues Futter in seinen Rock nähen!"

An jenem Morgen war Weihnachten und Don Martino damit beschäftigt, die letzte Hand an eine Krippe aus Brotkrume zu legen. Er hatte sie aus lauter Zeit- und Brotresten zusammengebastelt und versuchte nun, auf dem Boden kniend, einen Dudelsackpfeifer, dessen eines Bein sich zerkrümelte, davon zu überzeugen, er müsse geradestehen.

„Zum Kuckuck, wo hast du dies Bein verloren?"

„In einem Mühlrad", hörte der Priester hinter seinem Rücken antworten und drehte sich blitzschnell um.

Der Einbeinige schaute Don Martino voll tiefen Staunens an: Sahen die Heiligen auch mit dem Rücken?

Don Martino seinerseits betrachtete den Einbeinigen überaus verlegen, als ob er selbst der Eindringling und jener hier zu Hause wäre. So verharrten sie schweigend, jener wie gekreuzigt auf seinen schmierigen Krücken, dieser vor ihm kniend, als ob er ihn anbete. Das war der große, der königliche Bettler mit geröteten Augen wie vom Weinen, während das Weinen doch ein Vorrecht der Reichen ist, mit der verdorrten Hand eines zitternden Vogels, wenn er sie bettelnd ausstreckte. Don Martino ärgerte sich in diesem Augenblick maßlos über das zweite Bein, das Mutter Natur ihm angehängt hatte. Er konnte sich darum nicht entschließen, aufzustehen, hielt das Bein hartnäckig versteckt. Es schneite. Die Luft war voll von Harmoniumtönen, die sich von sehr fernen Sängerkanzeln gegenseitig riefen gleich in mystischen Hürden bähenden Herden; aus den Rauchfängen über den geschwungenen Dorfdächern hauchten die Puter ihre lorbeerduftenden Seelen aus – zum Himmel. Als er diesen Menschen an einem so schönen Tag so unglücklich dastehen sah, kam Don Martino der Gedanke, daß der beneidenswerteste Teil dieses Mannes ebenjenes Bein sei, das ihm ins Paradies vorangegangen war, um dort die Freuden zu genießen, die Christus seinen Armen vorbehält. Natürlich sprach er diesen Gedanken nicht aus. Als er endlich aufgestanden war, sagte er nur: „Gesegnete Weihnachten, mein Sohn! Was kann ich dir geben?"

Der Bettler sah ihn so fest an, daß er seinen Blick fesselte, dem seinen zu folgen zwang, von Lumpen zu Lumpen, von Norden nach Süden, sein einziges Bein abwärts bis zu seinem altertümlichen Schuh, aus dem fünf Zehn herausschauten, und diese Zehen ließ er trommeln wie die Hämmerchen eines Klaviers.

„Allerdings", sagte Don Martino und drückte sich in einer kurzen Verlegenheit die Nase mit dem Zeigefinger platt, „heute bin ich zum Mittagessen beim Bischof." Dann, als ob er ein überaus schwieriges Rechenexempel im Kopf gelöst hätte: „Vortrefflich!"

Er begann den linken Schuh aufzunesteln. Wobei sein Gast nicht ohne Staunen bemerkte, daß der Pfarrer in diesem Dorf keine Strümpfe trug.

Nachdem er dem Bettler den Schuh mit eigenen Händen angezogen hatte, stelle er sich genau ihm gegenüber und erhob einen drohenden Zeigefinger: „Keine Geschichten! Du hast gesehen, daß ich Wunder tue, alles sehe und höre. Wenn du irgendwem sagst, was zwischen uns vorgefallen ist, jage ich sieben Teufel in Hundsgestalt hinter dir her."

Als er allein war, öffnete Don Martino das Fenster und rief: „Don Rinaldo!"

Don Rinaldo war der Vikar, ein beflissener, allemal auf Beliebtheit erpichter junger Geistlicher, blitzsauber wie ein Hermelin und voll von Unternehmungen auf tausend Gebieten, wie's nur die von der Schüchternheit Bekehrten sein können. In diesem Augenblick saß er rittlings auf einem Stuhl mit zerrupftem Strohsitz, bereitete den Theaterverein des Oratoriums auf die morgige Aufführung des Trauerspiels „Wie die Lilien" vor und erschien mit dem Bühnenbuch in der Hand, einem schiefsitzenden Birett auf dem Kopf.

„Komm einen Augenblick herauf", rief ihm der Pfarrer zu, „mit der Stola!"

„Gelobt sei Jesus Christus", sagte Don Rinaldo, als er rot und heiß von der Kunstübung vor dem Angesicht des Pfarrers stand.

„Ich muß beichten", erklärte Don Martino mit zwei hinterhältigen Äuglein. Er kniete schon neben dem einzigen Stuhl des Zimmers. Und als sich der junge Priester anschickte, seines Amtes zu walten, zog er unter der Soutane einen nackten und rosigen Fuß hervor, zeigte ihn dem Beichtvater, als ob er ihn gestohlen hätte und zuckte mit den Schultern wie einer, der sagen möchte: „Ich hab's getan, mein Herr, und nun schlag mir ruhig den Kopf ab!"

„Was meinen Sie damit?" rief der Vikar erstaunt aus.

„Ich meine, daß es in diesem Pfarrhaus zwei Priester mit vier Beinen, aber nur drei Schuhen gibt."

In Don Rinaldos Hirn wurde es plötzlich hell: „Der Einbeinige, der vorhin hinausging?"

„Der Herr belohne ihn für seine Genügsamkeit! Aber ich alter Ungenügsamer habe zu meinem Unglück zwei Beine und muß mit beiden zum Mittagessen beim Bischof anmarschieren."

Don Martino lachte, ungewöhnlich erheitert, mit seinem faltigen Wickelkindgesicht unter dem breiten und verdutzten Gesicht eines Hilfsgeistlichen, der ihm in nichts zu helfen wußte.

„Aber warum", fragte jener, „haben Sie mir das in der Beichte sagen wollen?"

„So wird niemand je erfahren, warum du mir deinen linken Schuh geliehen hast. Soll doch deine rechte Hand nicht wissen, was ... und der Fuß auch, das ist folgerichtig, obwohl das der Evangelist aus Gründen der Stilschönheit nicht hinzufügt."

„Aber ich", stotterte Don Rinaldo, „ich habe nur daheim Schuhe zum Auswechseln, drei Meilen von hier."

„Und ich habe nicht einmal daheim Schuhe zum Auswechseln."

„Meinen Sie, daß ich bis zu Ihrer Rückkehr im Pfarrhaus auf Sie warten muß?"

„Mein Sohn, wenn sie dich im Seminar schustern gelehrt haben, um so besser. Wenn nicht, werden sie dich jenes Aschenbrödel unter den priesterlichen Übungen gelehrt haben, das man fromme Betrachtungen oder Meditationen nennt. Desolatione desolata est terra quia nemo est qui recogitet corde … Sputen wir uns, denn Seine Exzellenz wartet! Sputen wir uns mit dem Schuh und mit der Lossprechung …"

Und während der Beichtiger über Don Martino die Lossprechungsworte sprach, entnestelte ihm dieser, zu seinen Füßen kniend, heiteren Gemüts einen Schuh.

Don Rinaldo verfolgte vom Fenster aus den Pfarrer mit seinen Blicken, wie er mit seinen zwei allzu ungleichen Schuhen unter den weißen Schneeflocken auf den Bahnhof zu hüpfte. Er entließ die Bengel des Theatervereins, die im Hof herumtollten, sich prügelten und mit Schneebällen warfen, nachdem er den Vernünftigsten unter ihnen damit beauftragt hatte, in seine Wohnung zu gehen, um dort auszurichten, man möge ihn nicht zum Mittagessen erwarten. Dann drehte er den Schlüssel in der Tür um und begann im Zimmer vor dem kalten Kamin und auf dem eisigen Ziegelfußboden herumzuhumpeln.

Was tun? Das Brevier hatte er schon gebetet und war dazu besonders früh aufgestanden, weil an dem Tage ein Haufen Geschäfte auf ihn warteten: die Vorbereitungen für den Vortrag eines eingeborenen Prälaten über das Land Uganda, ein Besuch bei jenem Wohltäter, der die silbernen

Leuchter für den Altar so gut wie sicher als ein Weihnachtsgeschenk versprochen hatte, die Lotterie „Heilige Kindheit“, die Hauptprobe des Theatervereins ... An all das dachte er nun, dieser Armselige, indem er alle hundert Schritt die Uhr aus der Soutane hervorkramte; und mit dem weniger priesterlichen Teil seines Wesens dachte er auch an die dampfende Pute auf dem Tisch seiner Mutter.

„Diese Heiligen“, prustete er, „ach, diese Heiligen!“

Die Glocken läuteten den Angelus und schlugen die Verleumdungsteufelchen in die Flucht, die in Don Rinaldos Brust zum Sprunge Anlauf nahmen; ihr Klang erinnerte ihn daran, daß wir an diesem Tage lieb sein sollten wie Lämmchen. Der Vikar entblößte sein Haupt, bekreuzigte sich und spürte Weihnachten wie einen Wohlgeschmack auf seiner Zunge, ein wunderbares Summen hinter seinen Schläfen, ein Unschuldsklingeling in seinem Herzen.

„Jesuskindchen“, betete er mit halbgeschlossenen Augen, „schenk du mir einen Schuh!“

Da fiel mit hartem Aufschlag ein Schuh aus dem Rauchfang des Kamins auf den kupfernen Rost und sprang von dort vor seine Füße. Es war ein schöner linker Schuh aus schwarzem Kalbsleder, ein richtiger Schuh mit Sohle, Absatz und Band. Don Rinaldo fühlte sich erstarren und wäre vielleicht ohnmächtig geworden, wenn, um das Wunder noch verwickelter zu machen, vor seinen schreckensbleichen Blicken nicht ein zweiter Schuh eingetroffen wäre, dann ein dritter, ein vierter, ein fünfter und noch andere, die aus dem Kamin herunterregneten, wie, wenn es stürmt, die Kastanien von den Bäumen. Da wurde Don Rinaldo, weil er nicht mehr wußte, ob er's mit unserem Herrn zu tun hatte oder mit dessen Gegenteil, von einer wilden Furcht ergriffen, riß das Fenster auf und schrie um Hilfe.

Im Dorf hatte sich die Nachricht wie ein Lauffeuer verbreitet: „Der Herr Pfarrer hat nur einen Schuh!“ Vor den Türen der Häuser klingelten die Gevatterinnen zusammen und rupften sich gegenseitig die Worte aus dem Mund, wie's die Hühner mit den Würmern tun.

„Was hat er denn mit dem anderen angefangen?“

„Er hat ihn einem einbeinigen Bettler geschenkt.“

„Wer hat euch das erzählt?“

„Ich hab die Marietta gesehen, wie sie vor dem Einbeinigen weinte.“

„Weinte?“

„Sie sagt, daß ihr Bruder nur dieses eine Paar hat.“

„Und heute ist er mit einem nackten Fuß zum Mittagessen beim Bischof gegangen.“

„Sie ging ruhig über den Marktplatz, um mit ihrer Nichte Weihnachten zu feiern.“

„Sie hielt die Blicke gesenkt. Was sieht sie da vor sich auf dem Boden?“

„Den Schuh ihres Bruders.“

„Am Bein eines andern.“

„Sie putzt sie jeden Morgen.“

„Ja, wir Hausfrauen erkennen auch ein Haar unseres Besens.“

„Zuerst wollte es der Bettler nicht zugeben.“

„Es scheint, daß ihm Don Martino mit der Hölle gedroht hat, wenn er das Geheimnis verrät.“

„Hundsgestaltige Teufel!“

„O was für ein heiliger Mann!“

„Heiliger Mann!“

So geschah es, daß der Vikar, als er auf den Hof hinausschaute, dort sehr viel mehr Menschen sah, als er erwartet hatte und alle damit beschäftigt, jenes Wunder zu tun.

Auf einer an das Dach des Pfarrhauses angelehnten Leiter stiegen wie auf der des Erzvaters Jakob in Mäntel eingemummte Engel auf und nieder. Sie hatten rote Ohren, einen unbeschuhten Fuß und einen Schuh in der Hand. Bauern mit vogelförmigen Schnurrbärten unter der Nase, bauchige Ladenbesitzer in Sonntagskleidern, würdige Herrschaften im Gehrock und sogar der Bürgermeister in Person mit Zylinder und weißen Gamaschen, die alle, nachdem sie das Weihnachtsgeschenk in den Rauchfang des Pfarrers geworfen hatten, durch den Schnee humpelten und einander zuwinkten und zuzwinkerten, überaus stolz über den Sieg, den sie da über ihren heiligen Seelenhirten davongetragen hatten.

Don Rinaldo zog sich vom Fenster zurück, denn er wollte jenen braven Leuten nicht das Vergnügen an der irrigen Vorstellung rauben, das Pfarrhaus sei menschenleer. Er betrachtete diesen kleinen Schuhhaufen im Zimmer, wie er langsam anwuchs und dachte, daß ihm nun nur noch die Qual der Wahl blieb. Aber nach gründlichem Nachdenken kam er zu dem Schluß, daß, so viel achtbare Leute in diesem Aufzug herumgingen, nicht die geringste Gefahr bestand, sich lächerlich zu machen, wenn man sich mit einem einzigen Schuh auf der Straße zeigte.

Und verstohlen schlüpfte er zum Gartentürchen hinaus.

MARCEL PAGNOL

Merlusse

Gewöhnlich wurde der fünfte Studiensaal für die Schüler der untern Klassen reserviert. Jeden Tag von fünf bis sieben Uhr konnte man vierzig Schüler sehen, die alle gleich in ihren schwarzen Schürzen still ihre Aufgaben für den nächsten Tag machten.

Aber heute war der 24. Dezember. Seit vier Uhr hatte ein großer Teil der Pensionäre mit den Externen die Schule verlassen, und der Herr Aufseher hatte in diesem langen Saale die verbliebenen versammelt: diejenigen, deren Vormünder nicht gekommen waren, dann jene, welche mit den Abendzügen fortfahren, und schließlich die andern, welche überhaupt nicht fortgehen durften.

Auf den hintersten Bänken saßen „die Großen", die es mit ihrer Verachtung der Schulgesetze so weit trieben, daß sie im WC Zigaretten rauchten. Unter ihnen reckte Glaubert, der Captain der Fußballmannschaft und ewiger Letzter der Klasse, seine breiten Schultern. Neben ihm saß Catusse, schmal und zart unter seiner riesigen gelockten Mähne, der er – mit Hilfe eines Kammes und eines Taschenspiegels – alle Mathematikstunden opferte. Dann kam

Godard, der das Geld, das sein arbeitsamer Vater in Rufisque, dem Land der spanischen Nüßchen, hart verdiente, für Schokolade und Süßigkeiten vergeudete. Schließlich Agassin, Pic, Ledru und mehrere andere noch, die durch die Eleganz ihrer Kleidung auffielen. Sie trugen einen Straßenanzug und verachteten die Uniform, die sie gehindert hätte, sonntags für „Studenten" zu gelten, wenn sie auf ihren Spaziergängen mit sentimentalen Nähmädchen sprachen.

Die Mehrzahl der anderen trug die Uniform aus dunkelblauem Tuch mit großen Goldknöpfen, und ihre Hände spielten unter dem Tisch mit der goldbestickten Mütze, deren lackiertes Visier, der Sitte gemäß, in der Mitte sorgfältig gebrochen war.

Niemand arbeitete. Die Aufgaben und Schulstunden schienen ihnen weit weg und unbegreiflich.

Schon träumten die Schüler, unter dem Zischen der Gaslampen, vom Profil der Cousinen, dem freundschaftlichen Gesicht der Schwestern und dem immer neuen Lächeln der Mutter.

Die an den faden Geruch des Refektoriums gewöhnten Nasen weiteten sich vor Verlangen nach Glühwein, Nougat und Bonbons. Nein, ihre Augen sahen den nüchternen Studiensaal nicht. Kein Lachen, kein Flüstern. Niemand wagte es, den Kopf zu heben, denn da oben auf dem dunklen Katheder saß Merlusse. Dieser Merlusse, der den Titel eines Aufsehers trug, war ein einäugiger Koloß. Wie er eigentlich hieß, wußte niemand. Man nannte ihn Merlusse und hatte ihm diesen Namen eines Fisches gegeben, einfach, weil er nach Fisch roch.

Immer hatte man ihn in einem weiten, schwarzgrünlichen Gehrock gesehen. Dem Band seines alten Filzhutes entlang lief ein durch Schweiß und Staub gezeichneter Mäander. Im Winter trug er ein abgeschabtes Halstuch, und wenn er es im Klassenzimmer auszog, um es am Kleiderhaken aufzuhängen, sah man auf seinem Hals die schwärzliche Spur des Zelluloidkragens.

Gewöhnlich überwachte er den ersten Studiensaal, den der Rhetoriker und Philosophen. Er übte da eine tyrannische Autorität aus. Still und rasch führte man Befehle aus, die er in seinen Bart murmelte. Merlusse hatte die Gewohnheit, sehr leise zu sprechen: es war ein kaltes, fettiges Flüstern, während er mit seinem einen Auge böse zwinkerte. Er strafte selten, aber seine hohe Gestalt, sein Flüstern, das zuweilen einer Donnerstimme Platz machte, und der ironische Glanz seines Auges erweckten Furcht bei denen, die ihn kannten. Den andern, den Großen, die ihn nur von weitem in den Gängen sahen, machte er den Eindruck eines unerbittlichen Kinderschrecks.

An diesem Abend überwachte er, wie wir schon sagten, den Saal der Zurückgebliebenen. Die Fäuste an den Schläfen, las er einen Roman. Man sah nur eine Mähne, deren Unordentlichkeit an ein verlassenes Vogelnest erinnerte. Beiderseits davon, wie zwei braune Massen, sah man seine riesigen behaarten Hände am Ende der aufgestürzten Arme und auf seiner Brust einen schrecklich schwarzen und verfilzten Bart.

Plötzlich öffnete sich die Tür, und einen Meter über dem Boden erblickte man die violette Nase des Hauswartes.

Mit einer vom Trinken heiseren Stimme, die aber vielen wie liebliche Musik ertönte, sagte er: „Der Zug von fünf Uhr zehn!“ Bücher schlossen sich lautlos. Ein großer Teil der Schüler erhob sich und begab sich auf Zehenspitzen zur Tür. Einer nach dem andern verließ den Saal, und erst draußen auf dem kalten Korridor erfaßte sie eine herrliche und laute Freude. Der letzte schloß die Tür leise wie die eines Krankenzimmers.

Merlusse hatte sich nicht gerührt. Fünf Minuten vergingen. Wieder öffnete sich die Tür. Der Hauswart erschien. Er rief: „Lechâtre! Durou! Barbet! Dumoulin ...“ Die Genannten gingen freudestrahlend hinaus. Dann, nach einer weiteren Viertelstunde, öffnete sich die Tür von neuem: „Der Sechsuhrzug!“ Fast alle erhoben sich, und im großen Studiensaal blieben nur noch sechs Schüler.

Fünf davon hatten ihre schwarzen Schürzen an, aber die fünf waren so klein, daß der Saal leer sein mußte, damit man ihre Gegenwart überhaupt bemerkte. Der sechste, keine zwölf Jahre alt, war in Uniform und hatte eine schwarze Armbinde. Er hieß Villepontoux, war in der sechsten Klasse, wo er höchstwahrscheinlich dieses Jahr viele Preise erhalten würde. Sein Vater war als Kapitän letztes Jahr in China gestorben. Die Mutter hatte sich vor drei Monaten wieder verheiratet, und man hatte ihn auf Rat seines Stiefvaters seit Schulbeginn im Oktober in Pension gegeben. Während des Trimesters hatte seine Mutter, die in der Nähe der Schule wohnte, ihn dreimal besucht. Bei ihrem letzten Besuch hatte sie ihm versprochen, ihn zu den Weihnachtsferien heimzuholen. Deshalb hatte er sich schon lange im voraus einen

Ausgangsschein besorgt, dieses gelbe Papier, das man dem Hauswart vorzeigen muß. Heute morgen hatte er seine neue Uniform angezogen. Die Tuchhosen kratzten seine Beine. Der ungewohnte Kragen erwürgte ihn beinahe. Er wartete mit wachsender Unruhe auf das wunderbare Knurren des Hauswartes, der ihn rufen mußte ... Unter seinen Augen hatte er seinen Geographieatlas irgendwo zufällig geöffnet. Das Grün Österreichs erinnerte ihn an Pistazien und das zarte Rosa Belgiens an das süße Rahatlukum, das sein Vater ihm einmal in kleinen Kartonschachteln aus Algier gebracht hatte. Schritte ertönten im Korridor. Er wollte sich erheben. Die Schritte näherten sich, entfernten sich aber wieder, und Villepontoux wartete noch immer, verzehrt von Ungeduld, unter dem festlichen Zischen der Gaslampe.

Vor ihm saßen zwei kleine Annamiten, mit Namen voller Bindestriche. Einer, sieben Jahre alt, hatte ein grünes, im Rücken geknöpftes Halstuch. Er war so klein, daß die beiden großen Wollenden ihn ganz versteckten. Man sah nur seinen gelben Schädel mit abstehenden Ohren auf einem mageren Vogelhals. Er las aufmerksam in einem Mathematikbuch und klapperte mit den Zähnen.

Dort am Ende des Saales, ganz allein zwischen den Bänken, saß Makombo, der Senegalese. Er war zehn Jahre alt. Seine Augen waren klug und sanft. Und die Zunge zeigte sich zwischen den Lippen, während er schrieb. In der ersten Bank vor der Tafel saß der kleine Perret.

Mit sechs Jahren war er in der Kinderklasse, der elften, und seit Oktober Pensionär. Anfangs weinte er fast immer in irgendeiner Ecke; alles erschreckte ihn; und die Aufseher sprachen sanft mit ihm ... Er spielte gerne in den Pausen und arbeitete gut in der Schule. Er begriff rasch und sprach über alles fast wie ein Erwachsener. Letzthin hatte die Lehrerin in der Schule ein sonderbares Gedicht vorgelesen über die wunderbare Liebe der Mutter. Er war ehrlich erstaunt, er weiß sehr gut, was eine Mutter ist. Das ist eine Frau, schön wie ein Bild, die wunderbar duftet und einen bisweilen im Besuchszimmer erwartet. Sie gibt einem Fünffrancstücke. Immer wird sie von einem Herrn begleitet. Dieser Herr ist nie derselbe. Aber er ist immer alt und nett. Der Kleine überlegt, das Kinn auf dem Tisch, der zu hoch ist für ihn.

Hinter ihm sitzt schließlich Garcia, der Spanier, der weder Vater noch Mutter hat.

Plötzlich steht Merlusse auf. Er erhebt sich zu seiner vollen Größe. Er breitet die Arme aus. Er reckt den Hals. Er gähnt schrecklich und streckt sich, daß es in den Gelenken kracht. Dann steckt er die Hände in die Taschen und kommt vom Katheder herunter. Die Stufen knarren.Er nähert sich Villepontoux, der so tut, als lese er. Merlusse stellt sich vor ihm auf. Er schaut ihn eine Weile an, dann murmelt er: „Du heißest?" – „Villepontoux, m'sieu." – „Wo sind deine Eltern?" – „Hier, m'sieu. Sie wohnen in der Nähe der Schule, sie werden mich abholen." – „Ah!" sagt Merlusse. „Was macht dein Vater?" – „Er ist tot, m'sieu. Mein Stiefvater wird mich holen." – „Ah!" wiederholt Merlusse und entfernt sich. Merlusse, schaut lange Makombo an. „Du gehst nicht heim?" – „Es ist zu weit, m'sieu", sagt das Negerlein. „Hast du keinen Vormund?" – „Mein Vater gibt Geld für einen Vormund, der Vormund kommt mich nicht holen." – „Ah!" sagt Merlusse. Er geht auf Perret, den ganz Kleinen, zu, der sehr erschreckt scheint. Er betrachtet ihn eine Weile. Aber er sagt ihm kein Wort. Er ist im Bild. Er hat seine Mutter im Besuchszimmer gesehen. Dann schaut er Garcia an, der ganz schwarz angezogen ist: „Wer läßt dich ausgehen?" – „Meine Tante, m'sieu." – „Du bleibst in der Schule während der Ferien?" – „M'sieu, sie sagt, ich mache zu viel Lärm im Haus ..." Merlusse geht hinten ins Schulzimmer. Die Gaslampen zischen immer noch. Die Kleinen wagen es nicht, sich umzudrehen, um ihm nachzuschauen. Aber man hört ihn ein ganz schreckliches und wie empörtes Knurren ausstoßen.

Die Tür öffnet sich. Villepontoux zittert. Es ist nicht der Hauswart, es ist Herr Cernin, der Aufseher des Internats, der heute nacht den Schlafsaal überwachen soll. Er ist groß, jung, mager und hat gerötete Augen. Er geht höflich auf Merlusse zu und zeigt ihm ein Telegramm. Der Vater von Herrn Cernin ist sehr krank. Er wird vielleicht sterben. Herr Cernin muß unbedingt nach Hause. Dann ist niemand da, der den Schlafsaal überwacht, denn alle Aufseher sind in die Ferien gefahren. Wenn Merlusse ihn nicht vertreten will, wird Herr Cernin doch fortfahren, aber dann wird er seine Stelle verlieren. Wenn aber Merlusse ihn diese Nacht ablösen würde, könnte Herr Cernin das Refektorium überwachen, während Merlusse essen geht. Morgen wird ein anderer Aufseher zurückkommen ... Nicht wahr ... Vielleicht weint Herr Cernin. Da murmelt Merlusse: „Ist in Ordnung!" Und als Herr Cernin sich überschwenglich bedankt, brüllt

Merlusse: „Machen Sie, daß Sie fortkommen!“ Und Herr Cernin geht.

Da wendet sich Merlusse an die sechs Verlassenen und schreit: „Ah, ihr geht nicht in die Ferien, ihr ... ihr geht nicht nach Hause ... hum! Sehr gut, meine Jungens ... es ist ausgezeichnet, meine Jungens ... Oh! Oh! Ausgezeichnet. Ich bin es, der den Schlafsaal überwacht diese Nacht ...! Er lacht, und eine Flamme tanzt in seinem furchtbaren Auge. Um sieben Uhr holt der Aufseher die sechs Schüler, die dableiben. Er heißt sie, sich in Zweierkolonnen aufstellen, und führt sie ins Refektorium, während Merlusse ins Städtchen geht, um zu essen. In jeder Ecke der Gänge erwartet Villepontoux, daß seine Mutter auftauche. Das Refektorium scheint riesig groß. Wegen des Lampenschirms der einzigen Gaslampe liegen die Wände im Schatten. Außerhalb des Lichtkreises, der den Tisch umschließt, an dem die Kleinen sitzen, sieht man nichts. Ein dichter und kalter Schatten umgibt die stille Gruppe. Ein einziger Diener ist dageblieben, um zu servieren. Er ist im Sonntagsgewand, einem steifen Konfektionskleid, und sein Gesicht ist ganz rot vom engen Kragen. Er trägt, aus Angst, sich zu beflecken, mit weit ausgestreckten Armen die Suppe herein. Sie ist kalt und hinterläßt einen fettigen Geschmack im Munde. Man sieht den Aufseher nicht. Man hört ihn nur mit regelmäßigem Schritt hin und her gehen, und von Zeit zu Zeit tritt er plötzlich in den Lichtkreis mit seinem schwarzen Mantel und seinem Goldzwicker. Der Bediente ist ungeduldig. Er wird sicher erwartet draußen. Deshalb nimmt er plötzlich, während der Aufseher im Schatten ist, alle Platten auf einmal herein und verschwindet leise, mit seinem großen Filzhut in der Hand. Die ganze Mahlzeit steht auf dem Tisch, und die Kleinen essen traurig den Spinat und das kalte rosarote Fleisch und auch den Kuchen und das Zuckerplätzchen – ihr Weihnachtsmahl.

Später werden sie vom Aufseher in den Schlafsaal geführt. Er ist riesig. Mit fünfzig Betten. Die meisten wurden abgezogen, so daß man die blaugestreiften Matratzen sieht und den Eindruck eines Umzuges erhält. Die sechs Betten der Kleinen hat man an ihrem Platz gelassen, weshalb sie im ganzen Schlafsaal verstreut sind.

Während der Aufseher mit den Händen auf dem Rücken umherspaziert, ziehen die Kleinen sich still aus und gleiten fröstelnd zwischen die Leinentücher, die vor Kälte feucht scheinen.

Gegen halb neun ertönt der Schritt von Merlusse auf der Treppe. Der Aufseher verläßt den Saal. Man hört sie draußen ein paar Worte wechseln, und der schreckliche Einäugige tritt ein. Er ist bis zu den Ohren in sein Halstuch gewickelt und hat wohl noch eine Weste angezogen, denn er sieht noch breiter und furchtbarer aus als sonst. Er geht direkt auf sein Bett zu, das rings von vier an der Decke befestigten weißen Vorhängen umgeben ist. In dieser Tuchkabine verschwindet er, und man hört ihn laut atmen.

Villepontoux zittert vor Kälte und Angst in seinem Bett. Die kleinen Annamiten haben die Decke über den Kopf gezogen und sind unsichtbar. Makombo, den Kopf mit einem Halstuch umwickelt, betrachtet mit seinen großen Augen starr die Zimmerdecke. Der kleine Perret aber schaut der Reihe nach seine Kameraden und dann das Bett von Merlusse an: eine unbestimmte Furcht bedrückt ihn. Plötzlich teilt Merlusse die Vorhänge. Er hat seinen Mantel, seine Jacke, seine Weste, seinen Kragen und seinen Hut abgelegt, und seine Hemdsärmel sind zurückgeschoben. In der einen Hand hält er eine Zahnbürste, in der andern ein Handtuch. Er geht zum Wasserbecken und putzt sich die Zähne. Welch einen Lärm er dabei macht! Er knurrt, spuckt und gurgelt ganz entsetzlich. Dann kommt er in die Mitte des Saales und sagt mit harter Stimme: „Und jetzt versucht zu schlafen, gelt!" Und er löscht das Licht. Nicht einmal die kleine blaue Lampe läßt er brennen, deren scheues Licht im Dunkeln leuchtet wie ein Stern, dessen Glanz den Alpdruck vertreibt, wenn man plötzlich aufwacht. Tastend kehrt Merlusse zu seinem Bett zurück. Er reibt sich kräftig die Hände, und während die Bettfedern unter dem Gewicht seines großen Körpers knarren, hört man ihn leise lachen.

Halb sieben Uhr morgens. Ein bleiches Licht scheint durch die verschneiten Fenster. Im Schlafsaal ist es still. Der Schlaf kam erst spät, er will sie nicht mehr verlassen.

Halb sieben Uhr, die vorgeschriebene Stunde. Die Trommel wird gleich schlagen.

Merlusse ist schon bereit in seiner Tuchkabine. Ohne Lärm hat er seinen grünlichen Gehrock angezogen und ist jetzt bei einer sonderbaren Beschäftigung: mit seinem Taschenmesser schneidet er ein kleines Loch in den Vorhang auf der rechten Seite. Dann kommt die linke dran. Auf beiden Seiten macht er in Augenhöhe ein schönes, rundes Loch, dann schließt er sein Messer und setzt sich auf sein Bett. Plötzlich rollt die Trommel am Ende der dunklen Gänge. Merlusse schreit mit schrecklicher Stimme: „Auf!" Jählings erwachen die Kleinen. „Auf!" schreit Merlusse. „Auf!" Seine harte Stimme widerhallt drohend. Der kleine Perret schlägt die Decke zurück. Er setzt sich auf und gleitet auf den Teppich. Er ist mitleiderweckend mit seinem großen blonden Kopf, dem kurzen Hemd und den mageren Beinen. Jetzt öffnet er die Augen richtig, und wie er sich bücken will, um seine Socken anzuziehen, bleibt er wie versteinert. In seinen Schuhen sieht er erstaunliche Dinge. Einen bärtigen Teufel, der aus einer Schachtel springt, einen rot- und schwarzgeringelten Kreisel. Einen Sack mit einer blauen Masche und Bonbons in allen Farben. Der kleine Perret bückt sich; entzückt berührt er alles. Er richtet sich auf, seine Schuhe in der Hand. Er will sie von weitem Makombo zeigen. Aber die andern sind ebenso beschenkt wie er. Makombo betrachtet starr vor Staunen Mandarinen und eine Schachtel Schokolade. Villepontoux findet ein Buch mit Goldschnitt und eine Schachtel verzuckerter Kastanien, Garcia hat Kandiszucker, einen Lederball und zwei Bilderbücher, und die kleinen Annamiten zeigen von weitem mit einem Lächeln, bei dem ihre Augen ganz verschwinden, Holztiere, zwei Kreisel mit Peitschen und einen Sack Murmeln.

Und Merlusse, was macht er? Er ist beschäftigt: er schaut durch die Löcher seiner Vorhänge. Er betrachtet den kleinen Perret und die kleinen Annamiten. Dann wendet er sich rasch und beobachtet durch das andere Loch Villepontoux, Garcia und Makombo. Er sagt kein Wort. Aber er lächelt leise. – Er lacht mit seinen riesigen Schultern, er lacht in seinen Bart.

Er lacht so, daß schließlich etwas Sonderbares geschieht: eine große, schöne Träne, klar und glänzend, eine wirklich wunderbare Träne fällt von seinem einen Auge und läuft über seinen schwarzen Bart.

ALEXANDER LERNET-HOLENIA

Österreichische Weihnachtslegende

Lautlos fiel der Schnee vom Himmel. Er schwebte an den Kirchtürmen vorbei, er senkte sich auf die Dächer nieder und rieselte durch die kahlen Kronen der Bäume in den Parks, er häufte sich auf den Fenstersimsen und schönverzierten Portalen der Häuser in der oberösterreichischen Landeshauptstadt am Donaustrome, die man aber ganz allgemein, weil sie in ihrer gesamten Länge von einer Straßenbahn durchzogen war, nur noch Linz an der Tramway nannte; und die Unmengen weißer, wolliger Flocken dämpften das Quietschen des ebengenannten Volksverkehrsmittels und löschten auch die übrigen Geräusche der Straße so gut wie ganz aus. Schon dämmerte der Weihnachtsabend, doch immer noch saß Hofrat Feichtner in seinen Amtsräumen und versuchte, mit den Akten fertigzuwerden, die seinen Schreibtisch bedeckten. Mehrmals schon hatte der alte Amtsdiener Hemetsberger die Türe was weniges geöffnet, in den Raum geblickt und diskret gehüstelt, als habe er damit gleichsam fragen wollen, ob sich denn der hohe Vorgesetzte nicht endlich doch Ruhe gönnen werde. Der aber hatte nicht einmal etwas davon bemerkt. Denn der Hofrat galt für einen der pflichttreuesten Beamten, war er sich doch der außerordentlichen Verantwortung, die auf seinen Schultern ruhte, in jedem Augenblicke seiner langjährigen Dienstzeit voll bewußt gewesen, weswegen ihn denn das Ministerium zuletzt auch noch an die zwar nicht höchste, wohl aber – man konnte sie ruhig so nennen – wichtigste Stelle der Finanzverwaltung seines Bundeslandes gesetzt hatte.

Jedes Kind weiß, daß der Staat das Geld, welches er zum Wohle der Bevölkerung ausgibt, nicht ganz einfach bloß drucken kann – das würde ja ins Uferlose der zugegebenen Inflation statt bloß in den ruhigen Strom der ständig vertuschten Preissteigerung führen. Der Fiskus muß die Bevölkerung vielmehr veranlassen, daß sie selbst ihm das Geld zahle, welches er ihr dann wiedergibt. Aber zahlt denn die Bevölkerung auch wirklich? Zahlt sie zum mindesten so gern, so freudig, wie es dem guten Zweck entspricht, beziehungsweise entspräche, um dessentwillen sie sich ihrer Mittel begeben soll? Ach, oft genug zahlt sie trotz der segensreichen Erfindung des Proporzes an den Verwaltungsstellen, der allen Widerspruch unmöglich macht, trotz der koalitionistischen Regierungsform des Staates, welcher die Öffentlichkeit rekurs- und rettungslos ausgeliefert ist, überhaupt nicht, sie hinterzieht die Zahlungen, die sie leisten sollte und der Staat mag zusehen, wie er, seinerseits, die vielen pensionsberechtigten Minister, die aufopferungsvollen Diplomaten, die ob ihrer Wichtigkeit steuerbefreiten Nationalräte und die dreihunderttausend Beamten bezahlt, die für die Verwaltung *unbedingt* nötig sind. Er muß sich selbst darum kümmern, wie er die vielen Arbeitslosen, die nur im Sommer, während der sogenannten Saison, Arbeit finden, weil sie sie ja zu keiner andern Zeit suchen, über den Winter bringt, und er hat sich auch ganz alleine den Kopf zu zerbrechen, woher er die Exportprämien für die darbende Industrie, die Subventionen für den hungernden Bauernstand nehmen soll. Damit der Staat aber um so gewisser in den Besitz der notwendigen Steuermittel gelange, hatte das Ministerium für Feichtner und eine Zahl seiner fähigsten Kollegen eigene Ämter gegründet, die der Verfolgung und Bestrafung säumiger Zahler und Steuerhinterzieher dienten; und unter all diesen sogenannten Straffinanzämtern, deren es in jedem Bundesland eines gab, hatte sich das des Hofrats Feichtner bisher am meisten ausgezeichnet. Zwar war Feichtner nicht eigentlich aus dem Bundeslande gebürtig, das er nun betreute. Weil er sich jedoch auch schon früher so viele Verdienste erworben hatte und weil besonders verdienstvolle Österreicher, ganz im allgemeinen, zu Oberösterreichern ernannt zu werden pflegen, hatte man auch ihn zum Bewohner Oberösterreichs und der Landeshauptstadt obendrein gemacht und gleichsam honoris causa zur Leitung des Straffinanzamtes nach Linz berufen.

Aber freilich war sein Sieg über die Steuerunmoral des Landes ob der Enns keine ungetrübte Freude für ihn gewesen, er war vielmehr, wie jeder Sieg, teuer erkauft, denn die Stimmen mehrten sich, die da sagten, daß der Hofrat, aus allzu großem Pflichteifer, übers Ziel schieße und daß er, um das Unerlaubte zur Strecke zu bringen, auch selber Unerlaubtes tue, ja daß sogar das ganze Amt, dem er vorstehe, eigentlich verfassungswidrig sei und gar nicht existieren dürfe; und in der Tat hatte Feichtner, verblendet von seinem Pflichtgefühl, verpönte Fäden ins Ausland gesponnen, zum Beispiel nach Passau, wo er die Steuerfahndungsstelle veranlaßt hatte, die deutschen Finanzämter zu beschummeln und ihnen Auskünfte, die sie eigentlich gar nicht hätten geben dürfen, in betreff österreichischer Schwerverdiener in der Bundesrepublik zu entlocken, wofür er sie, wiederum, durch Indiskretion über Deutsche, die in Österreich verdienten, schadlos hielt. Dies allerdings war ganz unzulässig, denn das sogenannte Rechtshilfeabkommen zwischen Deutschland und Österreich existierte damals noch nicht, und jeder Versuch, es dennoch zu praktizieren, entsprach – juristisch gesehen – bloß der Absicht, dem Unrecht zum Siege zu verhelfen.

Feichtner hielt derlei Überlegungen zwar für bloße Theorie, aber die von ihm Hineingelegten und Geschädigten hielten's für glatten Rechtsbruch, und der eigentliche Stein des Anstoßes auf Feichtners Via Triumphalis war ein gewisser Tratzler gewesen, ein Bauunternehmer, der sich, in völliger Verkennung der ethischen Hintergründe der hofrätlichen Tätigkeit, dagegen gewehrt, das heißt rekurriert hatte, hartnäckigerweise schon durch alle Instanzen gegangen war und dessen Beschwerde beim Obersten Gerichtshof anhing.

Ein widerborstiger Bursche, dieser Tratzler! Er behauptete, daß Feichtner seine Tätigkeit eigentlich gar nicht oder wenigstens nicht nur im Interesse des Staates, sondern aus persönlichem Ehrgeiz ausübe, und er gehörte mit zu jenen Leuten, die der Meinung waren, daß Feichtners ganzes Amt im Grunde überhaupt nicht existieren dürfe. Was dann aber, wenn ihm der Oberste Gerichtshof am Ende rechtgab? Wer, zum Beispiel, würde denn dann noch denselben Herren vom Obersten Gerichtshof, die dem Kerl rechtgegeben hatten, ihr Gehalt zahlen! Aber daran dachten so leichtsinnige Menschen natürlich nicht. In schweren Sorgen stützte Feichtner sein Haupt in die Hände. Als er wieder aufblickte, dämmerte es bereits stark, und der Hofrat war schon im Begriffe, die Schreibtischlampe anzudrehen, als zu seinem Erstaunen, weil ungerufen, einer seiner Mitarbeiter, der Steueroberrevident Baumgartner, ins Zimmer trat.

„Ja?“ sagte Feichtner. „Was gibt’s?“

„Denken sich, Herr Hofrat“, sagte Baumgartner, und seine Stimme klang ein wenig anders als sonst, „denken sich nur ...“

„Nun, was soll ich mir denn nur denken?“ fragte Feichtner und faßte, ob dieser unziemlichen Aufforderung, den Untergebenen scharf ins Auge.

„Ich habe soeben etwas erlebt“, sagte Baumgartner, „das einen tiefen Eindruck auf mich gemacht hat.“

„Hören Sie, Herr Steueroberrevident“, sagte der Hofrat dienstlich, „wie reden Sie denn eigentlich mit mir? Haben Sie getrunken, oder was sonst sollte so tiefen Eindruck auf Sie gemacht haben? Sprechen Sie!“

„Herr Hofrat“, sagte Baumgartner, „ich komme soeben von einem dienstlichen Gange ...“

„Einen außerdienstlichen, und obendrein während der Amtsstunden, hätte ich Ihnen auch nicht angeraten. Wohin aber haben Sie ihn getan, diesen Dienstgang?“

„Zum Bauunternehmer Tratzler“, platzte Baumgartner heraus, der sich sagte, daß es, wenn es schon gesagt sein müsse, am besten schnell gesagt sei.

„Was?“ schrie Feichtner. „Bei diesem Kerl waren Sie? Bei diesem Rekursanmelder? Bei diesem Verbrecher, diesem Finanzfeind Nummer Eins?“

„Ja“, antwortete Baumgartner beschwichtigend, „aber was ich vorgefunden habe, war alles eher als ein Feind unserer Finanzen. Denn ich habe den Herrn, bei dem ich zu einem Zeitpunkte, wo er am wenigsten darauf gefaßt war, nämlich am Heiligen Abend, eine Hausdurchsuchung vornehmen wollte, im Kreise seiner vielen Kinder vorgefunden – Herr Hofrat wissen ja aus dem Akt, daß er nicht nur verheiratet war, sondern auch verwitwet und, samt den Kindern, durch unsere Maßnahmen in bittere Armut gestürzt worden ist ...“

„In wohlverdiente Armut, meinen Sie wohl, Herr Oberrevident!“

„Gewiß“, beeilte sich Baumgartner zu versichern, „das hatte ich in der Tat sagen wollen. Aber der Anblick des Wittibers und der Halbwaisen hat mir dennoch so sehr ans Herz gegriffen, daß ich die Armut des Unglücklichen nur noch als bitter bezeichnen kann. Die Tratzlers nämlich, in ihrer ungeheizten Stube, bereiteten sich darauf vor, den Heiligen Abend zu feiern, sofern man’s noch ein Feiern nennen konnte, sie zündeten ein paar dünne Kerzen auf einem erbärmlichen Baum an, unter welchem keinerlei Gaben lagen, und sie vermochten auch keinen Plattenspieler laufen zu lassen, der ihnen das Weihnachtslied vorgespielt hätte, denn wir haben ihnen denselben ja weggepfändet. Es blieb ihnen also nichts weiter übrig, als bloß zu beten."

„Zu beten?" erstaunte sich der Hofrat.

„Jawohl, zu beten", sagte Baumgartner. „Und wissen Sie, wen sie in ihr Gebet eingeschlossen haben, Herr Hofrat?"

„Nun, wen denn?" fragte, auf einmal schon ziemlich unsicher, der Hofrat.

„Sie, Herr Hofrat!" stieß Baumgartner hervor und brach, vor Rührung, in Tränen aus. „Sie selbst, der Sie doch der ärgste Feind jener Armen sind ..."

Und er mußte sich abwenden, denn ein Schluchzen erstickte seine Worte.

Feichtner starrte ihn an, und die Stille, die entstand, war nur vom Schluchzen des Oberrevidenten unterbrochen. Dann senkte der Hofrat das Gesicht, fast schuldbewußt, auf die Hände.

„Hören Sie, Baumgartner", sagte er schließlich und ließ die Hände wieder sinken, „wenn die Leute wirklich, wie Sie sagen, für mich gebetet haben, so wollen wir ... ich meine, dann könnten wir doch, wenigstens dieses eine Mal, Nachsicht üben und ..."

Dabei unterbrach er sich und hob den Kopf, um Baumgartners Blick, in stillem Einverständnis, zu suchen. Aber da war, zu seinem Erstaunen, Baumgartner nicht mehr im Zimmer. Weder hatte der Hofrat die Tür gehen hören, noch vernahm er auch nur noch das mindeste vom Weinen des

Untergebenen. Völlige Dämmerung herrschte im Raum, und der Hofrat hatte den Eindruck, einer Art von Vision erlegen zu sein.

Er rief sogleich den Oberrevidenten an.

„Baumgartner", fragte er, „waren Sie soeben bei mir?"

„Nein, Herr Hofrat", vernahm er Baumgartners Stimme.

„Ich habe aber den Eindruck gehabt, Baumgartner, daß Sie bei mir eingetreten wären und mir eine sehr, sehr rührende Geschichte erzählt hätten."

„Um Gottes willen", sagte Baumgartner, „Herr Hofrat werden doch nicht etwa während der Amtsstunden geschlafen … du lieber Himmel, ich meine: der wohlverdienten Ruhe gepflogen und einen so ungereimten Traum gehabt haben!"

Feichtner antwortete nicht sogleich. Nach einigen Momenten aber sagte er: „Sie können jetzt Schluß machen und heimgehen, Baumgartner; und Ihnen und den Ihren wünsche ich recht frohe und gesegnete Weihnachten!"

„Aber Herr Hofrat!" stotterte Baumgartner fassungslos.

„Is gut, Baumgartner", sagte der Hofrat und legte auf. Dann, nach einem weiteren Augenblick, hob er nochmals ab und verlangte Wien, Bundesministerium für Finanzen, Sektionschef Dr. Wolkowsky.

„Wolkowsky", meldete sich eine Stimme nach kurzer Zeit.

„Hier spricht Feichtner", sagte der Hofrat. „Ich wollte …"

„Wie seltsam!" sagte Wolkowsky. „Wie seltsam, daß Sie mich zu sprechen wünschen, Herr Kollege! Denn auch ich selbst wollte Sie soeben anrufen, um Ihnen eine – leider –

recht unangenehme Mitteilung zu machen. Jener Bauunternehmer Tratzler nämlich, der sich Ihnen so sehr widersetzt und bis zum Obersten Gerichtshof rekurriert hat, hat unbegreiflicherweise Recht bekommen. Ihr Amt, Herr Kollege, ist für verfassungswidrig erklärt worden, und unser Bundesminister, der, statt auf wohlverdienten Skiurlaub zu fahren, in Wien geblieben ist, um, in ständigem Kontakt mit der Nationalbank, der Herstellung der neuen Tausendschillingnoten seine besondere Aufmerksamkeit zu widmen, hat mich beauftragt, Ihnen mitzuteilen, daß er Ihr Amt auflösen muß. Eine schöne Bescherung, nicht wahr, um selbst an diesem so verpatzten Weihnachtsabend noch im einschlägigen Stile zu sprechen ..."

„In der Tat eine schöne Bescherung", antwortete Feichtner nach einem Augenblick. „Denn ob Sie mir nun glauben oder nicht, Herr Sektionschef, ich selbst war soeben im Begriff, die Auflösung meines Amtes vom Ministerium zu erbitten ..."

„Aber wieso denn, Herr Kollege?" hörte Feichtner den Sektionschef fragen. „Aus welchem Grunde wollten Sie denn das tun?"

„Am Telefon", sagte Feichtner, „würde eine ausführliche Erklärung wohl zu weit führen. Ich möchte also nur so viel sagen, daß mein Amt eigentlich doch eine recht unklare Geschichte gewesen und durchaus im Gegensatze zum lapidaren Ausspruch unseres Ministers gestanden ist, der da erklärt hat: Ohne Steuerklarheit und Steuergerechtigkeit keine Steuermoral. Und dann ist mir auch eben vorhin mein Steueroberrevident Baumgartner visionär erschienen und hat mir die Fragwürdigkeit meines Tuns so recht vor Augen geführt ... Kurzum, Herr Sektionschef, ich bin *wirklich* froh, daß ich, sozusagen, nicht mehr existiere. Darf ich aber, abschließend, Ihnen, Herr Sektionschef, und dem Herrn Bundesminister noch ein recht frohes Weihnachtsfest wünschen!"

Es entstand eine Stille im Apparat, während welcher man den Sektionschef am andern Ende der Leitung in der Himmelpfortgasse sozusagen vor Verwunderung den Kopf schütteln hörte. Vielleicht, dachte Wolkowsky, ist er, vor Schmerz über die Auflösung seines Amtes, um den Verstand gekommen. Dann sagte er: „Wir werden aber mit der offiziellen Bekanntgabe der nun notwendig gewordenen Maßnahmen natürlich noch eine ganze Zeit warten. Vielleicht können Sie inzwischen noch viel Segensreiches stiften ..."

„Halten Sie das, wie Sie wollen, Herr Sektionschef", sagte Feichtner, worauf er den Sektionschef verärgert „Fröhliche Weihnachten!" sagen und den Hörer auflegen hörte; und dann legte auch Feichtner selbst auf.

Er tat es mit einem seltsamen Lächeln, das man aber der Dunkelheit wegen, die inzwischen fast vollkommen herabgesunken war, mehr erraten als wirklich sehen konnte. Auch drehte er das Licht nicht an, sondern schritt im Finstern aus dem Raume. Im Vorzimmer ergriff er Hut und Mantel, und leise, fast wie ein Dieb, schlich er an Hemetsbergers Portierloge vorbei und verließ das liquidierte Amt. Immer noch fiel der Schnee in weichen, lautlosen Flocken auf Linz an der Tramway, wie mit weißer Watte bedeckt schimmerten die Straßen im Licht der Laternen, in allen

Häusern fing man an, die Christbäume anzuzünden, und die Radios spielten: Stille Nacht, heilige Nacht. Ganz anders als sonst, ergriffen und doch zugleich auch unbeschwert wie noch nie schritt Feichtner durch den Schnee, um sich nach Hause zu begeben und für die Einladung anzukleiden, die der Landeshauptmann, wie alljährlich, auch an diesem Abend den pflichttreuesten und redlichsten Beamten gab.

Im Herzen aber hatte der Hofrat den Frieden.

PETR CHUDOŽILOV

Die Spur im Schnee

Für Pál Mathias und seine Mutter

Ich habe schon viele wunderliche Geschichten über die Verwechslung von Engeln mit Hühnern gehört. Ein mißtrauischer Mensch zum Beispiel sah einen Engel, hielt ihn aber lieber für ein gewöhnliches Huhn. Seltener kommt es vor, daß im Gegenteil aus irgendeinem Grund ein Huhn für einen Engel gehalten wird. Daß aber ein Engel öffentlich als Engel bezeichnet wird, wobei man insgeheim denkt, es sei trotzdem nur ein gewöhnliches Huhn ... Nein! Das geschieht wirklich nicht allzuoft!

Diese Geschichte hat mir Pál einst anvertraut. Ein liebenswürdiger Mensch, ein zuverlässiger Freund, ein bewundernswerter Gastgeber, vor allem aber ein hervorragender Erzähler. Hinter den Fenstern seines Hauses fiel damals langsam Schnee aus den Wolken. Allmählich brach die Dämmerung herein, wir saßen in vertrauter Behaglichkeit beisammen und erzählten einander Geschichten. Im Zimmer stand der Weihnachtsbaum bereit, schon am nächsten Tag sollten feierlich die Kerzenlichter erstrahlen. Der Ofen verströmte Wärme, es war ungemein gemütlich, und in der Luft schwebte geheimnisvoller Weihnachtsduft. Kein Wunder, daß wir begannen, von der längst verlorenen Kindheit zu reden!

Mein Freund stammt aus einem Geschlecht von Donauschwaben. Seine Vorfahren waren einst aus Deutschland weggezogen, um zwei Jahrhunderte später wieder ins Land ihrer Vorfahren zurückzukehren. „Alles haben wir verloren, nur der ungarische Akzent ist uns geblieben!“ sagte mein Freund manchmal fröhlich. Das stimmte jedoch nicht so ganz. Aus Ungarn hatten die Rückwanderer auch einen ganzen Schatz von Sagen, Geschichten und Familienerinnerungen mitgebracht, außerdem eine Sammlung überlieferter Anleitungen, wie man sich im Leben richtig zu verhalten hat. Wer zum Beispiel viele Nüsse ißt, kann hundert Jahre alt werden!

Wir verstummten für eine Weile. In den Tiefen des Hauses ertönte ein kaum hörbarer Klang. Etwas bewegte sich! Die Tür knarrte leise. Durch den Flur näherten sich tastende Schritte. Im Halbdunkel des Zimmers wirkte dies furchterregend, doch mein Gastgeber bedeutete mir mit einer leichten Kopfbewegung, daß ich keine Angst zu haben bräuchte. Eine weißhaarige Frau betrat das Zimmer, die Mutter meines Freundes. Sie brachte zwei Schüsseln. Aus der einen dampfte es; dem Duft nach war darin die berühmte, aus Karpfenfleisch zubereitete ungarische Weihnachtssuppe. Die andere war mit Plätzchen gefüllt.

Das Gesicht der Mutter strahlte feierlich. Mit behutsamen Bewegungen stellte sie die Schüsseln vors Fenster. Es fielen einige liebe Worte in der mir unbekannten Sprache, die Frau blickte mich freundschaftlich an und verließ uns wieder. Die Tür fiel hinter ihr ins Schloß, die Schritte entfernten sich, eine zweite Tür knarrte, im Haus wurde es wieder still.

„Füttert ihr im Winter die Vögel vor den Fenstern?" sagte ich gedankenlos und verlegen. Das Verhalten der Mutter meines Freundes hatte mich überrascht.

„Nein", sagte er. „Das ist für den Weihnachtsengel."

„Für einen Engel!" rief ich verblüfft.

„Aber natürlich. Stellt ihr denn dem Weihnachtsengel keine Naschereien vors Fenster?" wunderte er sich.

War das vielleicht ein Scherz? Ich trat zum Fenster, rieb die beschlagene Scheibe sauber. Die heiße Suppe dampfte im Frost. Auf einem Baum duckte sich eine durchgefrorene Amsel. Einen Engel aber sah ich nicht.

„Vorsichtig!" raunte mein Freund mir zu. Er war ganz verzückt. „Er wird jeden Moment da sein!"

Langsam trat ich zur Seite. Ein merkwürdiges, fast ängstliches Gefühl kam über mich. Es war klar, mein Freund schaute mit seinen fest geschlossenen Augen in eine andere, unbekannte, mir unzugängliche Welt! Er lächelte aufmunternd, als wollte er ein vertrautes Wesen begrüßen. Er winkte sogar schon! Ich wagte es nicht, neue Fragen zu stellen. Nach einer Weile saßen wir wieder in den gemütlichen Sesseln.

„In Ungarn stand der Himmel an Weihnachten immer voller Sterne!" setzte mein Freund das Gespräch nach längerer Pause fort. „Den Stern von Bethlehem mit dem langen

Schweif habe ich leider nie gesehen. Dafür aber den Weihnachtsengel mit der Trompete."

„Mit der Trompete!" stieß ich hiervor.

„Ja!" wiederholte mein Freund ruhig. „Mit der Trompete. Mein Vater und ich machten einen Spaziergang. Die Bäume waren weiß vor Frost. Wir zogen einen kleinen Schlitten. Die Hand des Vaters wärmte die meine noch durch die dicken Handschuhe hindurch. Wie gern bin ich in der Kindheit Hand in Hand mit dem Vater spazieren gegangen! Da drückten die Finger des Vaters meine Hand plötzlich ganz fest. Über uns schwebte ein Engel. In seinen Flügeln wechselten sich weiße und rosarote Federn ab. Sein braunes, lose geschnittenes Engelshemd wurde von einem schmalen Ledergürtel zusammengehalten. Unten lugten nackte Füße hervor. Der Engel fror bestimmt fürchterlich, er sah jedoch keineswegs unzufrieden aus. Auf seiner Stirn glänzte ein Stern. Der Engel blies in eine sehr lange, dünne Trompete. Es klang feierlich, ein wenig wehmütig. Dann löste er sich auf wie Dampf in der Luft."

„In der Dämmerung", fuhr mein Freund fort, „stellte die Mutter Schüsseln mit Leckerbissen vors Fenster. Für den Engel! Hinter dem Vorhang versteckt wartete ich, was geschehen würde. Unsere gefräßigen Hühner trippelten herbei. Wie wild pickten sie in die Schüsseln, die Krümelchen stoben davon. Langsam tauchte aus der Dunkelheit der Engel auf. Er legte die Trompete in den Schnee, nickte mir zu, nahm sich mit zwei Fingern einige Brocken aus der Schüssel. Die Hühner traten ehrfurchtsvoll zurück. Sogar der Hahn machte dem seltenen Flügeltier Platz! Der Engel lächelte, blies in die Trompete, stieß sich mit den nackten Füßen vom Schnee ab und flog wieder in den Himmel zurück. ‚Hast du den Engel gesehen?' fragte mich die Mutter. ‚Er war da!' rief ich. Das Bäumchen leuchtete. Das Weihnachtsfest war da."

„Du erzählst wirklich sehr schön!" rief ich.

„Hör mal!" sagte mein Freund tadelnd. Er hatte meine Zweifel herausgehört. „Ich bin noch nicht fertig! Im Laufe der Jahre lächelte meine Mutter oft amüsiert. ‚Auf der Stirn hatte er einen goldenen Stern, nicht wahr?' sagte sie jedesmal in liebenswürdig spöttelndem Ton, wenn ich meinen Eltern mitteilte, daß der Engel auch diesmal gekommen war. Nach und nach begriff ich, die Mutter glaubte längst nicht mehr an den Weihnachtsengel. Als ich fünfzehn war, überraschte sie mich mit einer unerwarteten Mitteilung. ‚Es gibt keine Engel!' verkündete sie hart. ‚Es ist ein schöner Weihnachtsbrauch, eine Schüssel vors Fenster zu stellen! Den Kindern zu erzählen, es sei für einen Engel. Gewiß! Aber du bist doch kein kleines Kind mehr! Hör auf, Märchen zu erfinden!'

‚Doch! Komm doch selbst schauen!' sagte ich ganz ruhig zu ihr. Zum ersten Mal benutzte ich in einem Gespräch mit meiner Mutter das deutsche Wort ‚doch', sonst hatten wir uns ausschließlich auf ungarisch verständigt. Die Mutter schaute aus dem Fenster. Entsetzt schrie sie auf. Gerade trat langsam der Engel aus der Dunkelheit. Wie ein Traum, wie ein Märchen, wie Rauch von einem Feuer! Die Mutter wich zurück. ‚Wer ist das?' flüsterte sie. ‚Mein Herr, was machen Sie da?' Der Engel grinste ungezwungen. Er nahm einen

Bissen aus der Schüssel. Er verneigte sich und wünschte schöne Weihnachten, das hörten wir durchs Glas hindurch sehr deutlich. Dann verschwand er in den Schneewirbeln."

„Hat er mit euch deutsch gesprochen?" fragte ich vorsichtig.

„Ungarisch!" entgegnete mein Freund. Seine Augen blitzten schelmisch.

„Hm!" sagte ich nur.

Der Freund zuckte die Achseln. Wortlos zeigte er zum Fenster. Mit angehaltenem Atem trat ich näher, um einen besseren Ausblick zu haben. Die Schüsseln waren schon fast leer. Einige schmutzigweiße Hühner wackelten um sie herum. Da war kein Engel. Auch die durchgefrorene Amsel war fortgeflogen. Mein Freund verzog keine Miene.

„Ich mache es sonst genauso. Der Engel kommt immer!" sagte er.

Wir traten auf die Schwelle. Die Hühner sahen uns fragend an. Der Hahn hatte gerade den letzten Bissen aus der Schüssel gepickt. In dichten Flocken fiel der Schnee. Glitzernder Pulverschnee. Die Hoffnung in mir wurde immer größer; durch die Vorahnung einer Enttäuschung wurde sie noch sonderbar verstärkt.

„Schau!" seufzte mein Freund verblüfft.

Ich wollte meinen Augen nicht trauen. Im frisch gefallenen Schnee zeichnete sich eine Spur ab. Ein Wesen hatte seinen nackten Fuß in die Schneedecke gedrückt, es mußte viel größer sein als ein Huhn! Die Spur konnte von einem großen Vogel, zum Beispiel einem Schwan, stammen, aber auch von einem Menschen. Ohne weiteres hätte ein Engel sie zurücklassen können. Die Umrisse waren durch die feuchten Flocken verwischt. Von oben ertönte Flügelrauschen. Durch die Winterlandschaft hallte Trompetenklang. Ein kurzer, durchdringender, kupfern gefärbter Ton. In den Wolken sah ich den Schatten eines schwebenden Leibs. Ein Schwan? Ein Trugbild? Ein Engel? Alles wurde durch einen Windstoß weggefegt. Wir wagten nicht, laut zu reden.

Wir kehrten ins Innere des Hauses zurück. Der Freund legte Holz nach. Im Kamin knisterte es leise. Lächelnd setzte sich die alte Mutter meines Freundes zu uns. Auch sie schwieg. Wortlos schauten wir zu, wie die Dämmerung den Gegenständen im Zimmer allmählich ihre Formen nahm und sie in reinen Schein verwandelte. Meine Seele war erschüttert. War es der Schrei eines Schwans? Eine Trompete? Das kehlige Rufen eines ungarischen Engels? Können Engel Ungarisch? Wenn nicht, in welcher Sprache verständigen sie sich? Eine wirklich zufriedenstellende Antwort auf diese Fragen habe ich nie bekommen. Das ist gerade das große Geheimnis! Wunder lassen sich nicht patentieren. Überzeugende Beweise fehlen immer! Zum Glück! Ein zuverlässig garantiertes Wunder wäre gar kein Wunder mehr. Ohne Hoffnung auf Wunder aber könnten wir überhaut nicht leben.

LUDWIG THOMA

Heilige Nacht

So ward der Herr Jesus geboren
Im Stall bei der kalten Nacht.
Die Armen, die haben gefroren,
Den Reichen war's warm gemacht.

Sein Vater ist Schreiner gewesen,
Die Mutter war eine Magd.
Sie haben kein Geld besessen,
Sie haben sich wohl geplagt.

Kein Wirt hat ins Haus sie genommen;
Sie waren von Herzen froh,
Daß sie noch in Stall sind gekommen.
Sie legten das Kind auf Stroh.

Die Engel, die haben gesungen,
Daß wohl ein Wunder geschehn.
Da kamen die Hirten gesprungen
Und haben es angesehn.

Die Hirten, die will es erbarmen,
Wie elend das Kindlein sei.
Es ist eine G'schicht für die Armen,
Kein Reicher war nicht dabei.

MURIEL SPARK

Der Seraph und der Sambesi

Vielleicht habt ihr mal von Samuel Cramer gehört, einem Dichter und Journalisten, der mit einer Tänzerin namens Fanfarlo zu tun hatte. Aber wenn ihr nicht von ihm gehört habt, dann schadet's auch nichts, wie ihr schon noch merken werdet. Zu Beginn des neunzehnten Jahrhunderts war er in Paris sehr auf der Höhe, und als ich ihn 1946 kennenlernte, war er immer noch auf der Höhe, doch diesmal auf andere Art.Es war der gleiche Mann, aber gemäßigter. Damals zum Beispiel, vor mehr als hundert Jahren, hatte Cramer mehrere Jahrzehnte hindurch in aller Harmlosigkeit darauf bestanden, daß er ungefähr fünfundzwanzig Jahre alt sei. Als ich ihn dagegen kennenlernte, befand er sich offensichtlich in seiner Zweiundvierzigerphase.

Zu jener Zeit besaß er eine Tankstelle, und zwar vier Meilen südlich vom Sambesi, wo der Fluß in den Viktoriafällen über Felsklippen stürzt. Cramer hatte ein paar Gastzimmer, in denen er, wenn das Hotel besetzt war, Touristen unterbrachte, die zu den Fällen wollten. Ich wurde an ihn verwiesen, weil ich im Hotel keinen Platz bekommen konnte, denn es war in der Woche vor Weihnachten.

Ich traf ihn draußen vor seiner Wellblechgarage an, wo er gerade am Anlasser eines großen, plumpen Mercedes herumprobierte, und auf den ersten Blick hielt ich ihn für einen Belgier aus dem Kongo. Er sah mir teils nördlich, teils südlich aus – hatte helles Haar und eine lederfarbene Haut. Später erzählte er mir, sein Vater sei Deutscher und seine Mutter Chilenin. Dieser Bescheid war es – und nicht so sehr das „S. Cramer“ über der Gartentür –, der mich auf den Gedanken brachte, ich müßte schon von ihm gehört haben.

Die Regenzeit war sehr dürftig ausgefallen, und in jenem Dezember herrschte eine sengende Hitze. Am dritten Abend vor Weihnachten saß ich auf der Veranda vor meinem Zimmer und blickte durch das zerrissene Drahtnetz des Moskitofensters auf das ferne Wetterleuchten. Wenn die Atmosphäre längere Zeit eine übermäßig hohe Temperatur beibehält, scheint mit den natürlichen Umweltgeräuschen etwas vor sich zu gehen. Der Ton vermag seine übliche Fülle nicht mehr zu tragen, sondern er dringt wie eingezwängt und geknebelt an unser Ohr. An jenem Abend waren die Weihnachtskäfer, die sonst auf jeder Veranda mit lautem „Teck-teck“ auf den Rücken fallen, anscheinend mit Stoßdämpfern versehen. Ich sah einen hinfallen und der leise Aufprall war erst um einen winzigen Zeitbruchteil später vernehmlich. Die Geräusche der kleineren wilden Tiere im Busch klangen auch alle wie vertuscht. Ja, als die Geräusche im Busch alle gleichzeitig abbrachen, wie es häufig der

Fall ist, wenn ein Leopard sich nähert, merkte ich erst, daß vorher ein Geräusch dagewesen war.

Das allgemeine erstickte Gesumm wurde von Cramers Sonnenuntergangsgesellschaft übertönt, die am andern Ende der Veranda ihren Fortgang nahm. Die Hitze verzerrte jedes Wort. Die Gläser ließen ein Klimpern hören, das nicht mehr an Gläsernes erinnerte, sondern an in Seidenpapier gewickelte Flaschen. Manchmal hing ein Schrei oder eine Lache stumpf in der Luft, doch es waren unwirkliche Laute, wie aus einem fernen Land projiziert – wie Taschenlampen im Londoner Nebel.

Cramer kam zu mir auf meinen Verandaanteil und forderte mich auf, bei seiner Gesellschaft mitzumachen. Ich sagte, ich würde gerne kommen, und meinte es ehrlich, obwohl ich auch gern allein gesessen hätte. Eine so beharrliche und heftige Hitze saugt jeden Willen auf.

Fünf Leute saßen in Korbstühlen da, tranken ihren Highball und knabberten gesalzene Erdnüsse. Ich erkannte einen rothaarigen Reiter aus Livingstone, der frisch aus England gekommen war, und zwei von Cramers Gästen, einen Tabakpflanzer und seine Frau aus Bulawayo. Wie es dortzulande Brauch ist, wurden die andern beiden mit ihrem Vornamen vorgestellt. Mannie, ein kleiner dunkler Mann von gedrungenem Wuchs und Gesicht, konnte meiner Ansicht nach ein Portugiese von der Ostküste sein. Fanny, die Frau, zupfte kleine Enden aus ihrem ausgefransten Korbstuhl, und als sie ihr Glas hob, zitterte ihre Hand ein wenig, so daß ihre Armbänder klirrten. Sie mochte etwa fünfzig sein, eine gepflegte Frau und sehr adrett. Ihr graues, leicht blau getöntes Haar säumte als Franse ein Gesicht, das von Malaria zerfurcht war.

Wie man so mit Fremden in jener Gegend die Zeit zu verbringen pflegt, tauschte ich mit den Tabakleuten die Namen von Bekannten aus, die innerhalb von sechshundert Meilen im Umkreis wohnten, wobei wir die Liste auf gemeinsam bekannte Namen beschränkten. Der Reiter seinerseits steuerte Neuigkeiten aus der Gegend zwischen Lusaka und Livingstone bei. Unterdessen war eine Diskussion zwischen Cramer, Fanny und Mannie im Gange, und Fanny schien den Sieg davonzutragen. Wie es den Anschein hatte, sollte am Heiligen Abend ein Spiel oder ein Konzert aufgeführt werden, an dem die drei teilnahmen. Ein paarmal hörte ich Worte wie „Engelschar", „Hirten", „lächerlicher Preis" und „meine jungen Mädchen" – Worte, um die es sich bei der Auseinandersetzung hautsächlich zu drehen schien. Plötzlich unterbrach sich Fanny mitten im Sprechen, da sie einen vom Reiter erwähnten Namen aufgefangen hatte und wandte sich an uns.

„Sie gehörte zu meinen jungen Mädchen", sagte sie. „Ich habe ihr drei Jahre lang Unterricht gegeben."

Mannie stand auf, um sich zu verabschieden und bevor Fanny ihm folgte, holte sie eine Karte aus ihrer Handtasche und reichte sie mir mit spitzen Fingern.

„Falls sich eine Ihrer Bekannten dafür interessiert ..." sagte Fanny obenhin.

Während sie mit ihrem Mann wegfuhr, betrachtete ich die Karte und las über einer Adresse etwa vier Meilen stromaufwärts das folgende:

Madame La Fanfarlo (Paris, London)
Tanzlehrerin. Ballett. Tanzsaal.
Auf Wunsch wird für Transportmöglichkeit gesorgt.

Am nächsten Tag stieß ich auf Cramer, der sich immer noch bemühte, die Ursache der Panne am Mercedes zu entdecken.

„Sind Sie der Mann, über den Baudelaire geschrieben hat?" fragte ich ihn.

Mit der Miene schwergeprüfter Geduld blickte er an mir vorbei auf das weite, öde Veldt.

„Ja", erwiderte er. „Was hat Sie darauf gebracht?"

„Der Name Fanfarlo auf Fannys Karte", sagte ich. „Sie kannten sie doch – damals in Paris?"

„Ach ja", sagte Cramer, „aber die Zeiten sind vorbei. Sie hat Manuel de Montaverde geheiratet – also den Mannie. Vor etwa zwanzig Jahren haben sie sich hier angesiedelt. Er hat einen Kaffern-Laden."

Nun fiel mir ein, daß es Cramer im Zeitalter der Romantik beliebt hatte, zwischen der Betätigung als Dichter und als Literat zu schwanken und solchen Betätigungen entsprechend zu leben.

Ich fragte ihn: „Haben Sie Ihre literarische Laufbahn aufgegeben?"

„Als Laufbahn, ja", antwortete er. „Es war eine Besessenheit und ich war froh, als ich sie los war."

Er strich über die klobige Kühlerhaube des Mercedes und fuhr fort: „Die größte Dichtung ist Gelegenheitsdichtung: Einfall des Augenblicks."

Wieder blickte er über das Veldt, wo ein unsichtbarer grauer Haubenpapagei „Go'way, go'way!" kreischte.

„Wichtig ist einzig das Leben", schloß Cramer.

„Und verfassen Sie jetzt Gelegenheitsdichtung?" fragte ich.

„Wenn die Gelegenheit es verlangt", sagte er. „So habe ich gerade ein Weihnachtsspiel geschrieben. Am Heiligen Abend wollen wir es dort drin aufführen." Er deutete auf die Garage, wo ein paar Eingeborene schon dabei waren, Benzinkanister und Autoreifen umzustellen. Da sie weder zu den Schauspielern noch zu den Zuschauern gehörten, ließen sie sich Zeit. Nahebei war ein Stoß Faltstühle abgeladen worden.

Als ich am Vormittag des Heiligen Abends ziemlich spät von den Fällen zurückkehrte, sah ich draußen vor der Garage eine Schar streitender Eingeborener und mitten unter ihnen Cramer, der laut und wüst fluchte. Er hielt einen zornigen Mann am Hemdsärmel gepackt, während er mit der andern Hand seine Schimpfworte in die heiße Luft malte. Ein paar Missionseingeborene waren hergeschickt worden, um beim Errichten der Bühne behilflich zu sein, und mit ihrem mittelmäßigen Schulenglisch, den gewaschenen Gesichtern und den weißen Drellshorts hatten sie, ohne es zu wollen, Cramers simple zerlumpte Boys gegen sich aufgebracht. Cramers Behandlungsart, die im Wort „Polizei" gipfelte, gelang es dann, sie wieder an die Arbeit zu schicken, wobei sie einander noch immer trommeldunkle Kehllaute zuriefen.

Die Bühne bestand aus Kisten mit darüber genagelten

Brettern: sie befand sich im Hintergrund der Garage, und von dort führte ein Türchen zum Hof, zum Abort und zu den Eingeborenenhütten. Der Raum zwischen Tür und Bühne war durch mehrere an einer Leine aufgehängte schwarze Regierungsdecken abgetrennt worden und sollte das Ankleidezimmer sein. Ich willigte ein, am Abend herüberzukommen, um bei der Beleuchtung, beim Schminken und beim Anstecken der Engelsflügel zu helfen. Die Tanzschülerinnen der Fanfarlo sollten als Engelchor singen und tanzen, während sie selbst als Jungfrau Maria ein Ballettsolo vorführen wollte. Weil ihr Mann nur sehr gebrochen Englisch sprach, hatte er als Hirt eine stumme Rolle bekommen, und drei weitere Hirten waren ihm aus dem gleichen Grund zugeteilt worden. Cramers Rolle war die wichtigste, denn er hatte am meisten zu sprechen, da er der Erste Seraph war. Man war sich einig, daß er die langen Stellen am besten vortragen könne, weil er ja das Stück verfaßt hatte. Wie ich hörte, war es aber bei den Proben zu Reibereien gekommen, denn Fanny hatte einen zu großartigen Bühnenaufbau verlangt, den man ihren jungen Mädchen schuldig sei.

Die Vorstellung sollte um acht Uhr beginnen. Ich erschien Viertel nach sieben hinter der Bühne und fand dort die in Ballettröckchen gekleideten Engel mit Flügeln aus verschiedenfarbigem Kreppapier. Die Fanfarlo trug ein langes, durchsichtiges, weißes Gewand mit einem flitterbestickten Oberteil. Ich half gerade den Weisen aus dem Morgenland beim Befestigen der Bärte, als ich Cramer erblickte. Er trug eine Art Toga, ein Gewand aus mehreren Schichten Moskitotüll, die aber nicht dicht genug waren, sondern seine weißen Shorts sehen ließen. Er hatte schon sehr früh die Schminke aufgetragen, und in der zunehmenden Hitze begann sie zu schmelzen.

„Immer werd' ich nervös, wenn es soweit ist", sagte er. „Ich muß noch mal meine Eröffnungsrede üben."

Ich hörte, wie er auf die Bühne stieg und deklamierte. Lauter als die Stimmen der aufgeregten Kinder schlug mir der Rhythmus seiner Stimme ans Ohr. Voller Eifer half ich der Fanfarlo, Schminke auf die Gesichter der Mädchen aufzutragen. Es schien unmöglich. Sobald wir die Schminkstifte auch nur in die Hand nahmen, schmolzen sie schon. Es wurde wirklich ganz außergewöhnlich heiß.

„Macht doch die Tür auf!" schrie die Fanfarlo. Die Hoftür wurde geöffnet und eine Schar neugieriger Eingeborener drängte sich um den Eingang. Ich überließ es der Fanfarlo, sie wegzuscheuchen, denn ich wollte irgendwie auf die Vorderseite gelangen, um Luft zu schöpfen. Ich stieg auf die Bühne und überquerte sie schon, als mir rechter Hand eine mächtige Hitzewelle entgegenschlug. Ich blickte mich um und sah Cramer, der offenbar jemanden anfauchte, ungefähr wie am Morgen, als er die Eingeborenen beschimpfte. Doch wegen des Hitzestroms konnte er nicht näher vordringen. Und wegen der Hitze konnte ich auch nicht gleich erkennen, mit wem Cramer so schalt: es war eine Art Hitze, die einem auf die Augen schlug. Doch als ich an den vorderen Rand der Bühne trat, sah ich, was drüben stand.

Es war eine lebendige Erscheinung. Das Auffallendste an ihr war ihre Unwandelbarkeit: sie schien den Gesetzten der

Perspektive nicht unterworfen, denn immer blieb sie gleich groß, ob ich näher kam oder mich zurückzog. Und sehr zum Unterschied von andern Lebensformen machte sie einen fertigen Eindruck. Kein Teilchen war in Entwicklung begriffen; den Umrissen fehlte es an jener Wirrnis und Gärung, die doch sonst Merkmale lebender Wesen sind und gerade das war die Ursache ihrer Schönheit. Die Augen nahmen fast den größten Teil des Gesichts ein und reichten weit über die Backenknochen hinaus. Am Hinterkopf saßen zwei kräftige Flügel, die von Zeit zu Zeit über die Augen fächerten und dabei einen glühend heißen Luftwirbel hervorriefen. Ein Hals war kaum vorhanden. Unterhalb der Schultern breitete sich ein zweites kräftiges und geschmeidiges Flügelpaar aus, und ein drittes Paar entfaltete sich an den Waden und schien den Körper zu tragen. Die Füße sahen zu zerbrechlich aus, um eine so konzentrierte Daseinsform zu stützen.

In Afrika lebende Europäer fühlen sich meistens unwiderstehlich gedrängt, alles Fremdartige in der Kaffern-Umgangssprache anzureden.

„Hamba!“ schrie Cramer und das bedeutet: „Geh fort!“

„Geh du jetzt von der Bühne herunter und sei ruhig!“ sagte die Erscheinung friedfertig.

„Wer zum Teufel bist du?“ keuchte Cramer in der heißen Luft.

„Der gleiche wie im Himmel“, kam die Antwort. „Also ein Seraph.“

„Das kannst du anderen erzählen“, schnaufte Cramer. „Sehe ich wie ein Esel aus?“

„Nein. Aber auch nicht wie ein Seraph“, sagte der Seraph.

Die Hitze, die der Seraph ausstrahlte, erfüllte die ganze Garage. Cramer lief die Schminke in die Augen und er wischte sie auf sein Tüllgewand. Er trat zurück, bis zu einer weniger heißen Stelle und rief von dort aus: „Ein für allemal …“

„Sehr richtig“, sagte der Seraph.

“… ist das hier meine Aufführung.“

„Seit wann?“ fragte der Seraph.

„Von Anfang an“, keuchte Cramer ihm zu.

„Und mein ist sie von Anbeginn“, sagte der Seraph, „und der Anbeginn ist der wahre Beginn.“

Cramer kletterte von der heißen Bühne herunter, blieb mit seinem Seraph-Gewand an einem Nagel hängen und zerriß es. „Hör mal“, sagte er, „ich kann mir einfach nicht vorstellen, daß eine Abnormität wie du ein echter Seraph ist!“

„Sehr richtig“, sagte der Seraph.

Mittlerweile hatte mich die Hitze zum vorderen Eingang getrieben. Cramer trat neben mich. Eine Anzahl Eingeborener hatte sich eingefunden. Die Zuschauer waren schon in ihren Wagen eingetroffen und die andern Schauspieler waren vom Hof her um das Gebäude herumgekommen. Es war wegen der Hitze des Seraphs unmöglich, weit hineinzuschauen, und es war unmöglich, wieder hineinzugehen.

Cramer ereiferte sich immer noch von der Türe her gegen den Seraph, und unter den Neuankömmlingen erhoben sich allerlei Mutmaßungen, welcher von den drei

Kategorien die gegenwärtige Schwierigkeit zuzuschreiben sei: den Eingeborenen oder Whitehall oder den Leoparden.

„Das hier ist mein Anwesen", rief Cramer, „und die Leute haben ihre Plätze bezahlt. Sie sind hergekommen, um sich ein Mysterienspiel anzuschauen."

„In dem Falle will ich abkühlen", sagte der Seraph, „dann können sie kommen und sich ein Mysterienspiel anschauen."

"*Mein* Mysterienspiel", sagte Cramer.

„O nein – *meins*!" sagte der Seraph. „Deins genügt nicht."

„Gehst du jetzt, oder soll ich die Polizei rufen?" sagte Cramer entschlossen.

„Für mich gibt es keine Wahl", sagte der Seraph noch entschlossener.

Draußen hatte es sich herumgesprochen, in der Garage sei ein rasender Leopard. Die Leute stiegen wieder in ihre Wagen und parkten in sicherer Entfernung; der Tabakpflanzer ging fort, um sein Gewehr zu holen. Eine Anzahl junger Reiter hatte den Einfall, den rasenden Leoparden mit Benzin zu blenden: sie hatten ein paar Eingeborene dazu angestiftet, Benzinkanister an der Tanksäule zu füllen und sie von Hand zu Hand bis zur Garage wandern zu lassen.

„Dann ist er erledigt", sagte einer.

„Das ist recht!" sagte Cramer von seinem Platz an der Tür. „Gebt's ihm nur!"

„Das solltet ihr nicht tun", sagte der Seraph. „Dann entsteht ein Brand."

Die erste Portion Benzin, die in die Hitze geschleudert

wurde, loderte auf. Zuerst verbrannten die Sitze. Dann begann sogar die Luft innerhalb der Blechwände zu brennen, bis das ganze Innere ein Feuermeer war. Eine weitere Wagenladung mit Reitern traf ein und ließ sofort von den Eingeborenen leere Kanister mit Wasser füllen. Allmählich löschten sie das Feuer. Etwas weiter straßaufwärts zählte die Fanfarlo ihre Engel. Sie versuchte die Eltern zu beruhigen und gleichzeitig zu beobachten, was vor sich ging, und sie war wütend, daß sie nun nicht tanzen konnte. Einem Engel, dessen Eltern in England waren, knuffte sie derb in den Rücken.

Es dauerte einige Stunden, bis das Feuer gänzlich gelöscht war. Solange die Wellblechwände noch glühten und sich krümmten und aufrollten, konnte man unmöglich erkennen, was mit dem Seraph geschehen war, und als sie nicht mehr glühten, war es zu dunkel und auch zu heiß, um weit genug in die Trümmer hineinzuspähen.

„Sind Sie versichert?“ erkundigte sich einer von Cramers Freunden.

„O ja“, erwiderte Cramer. „Meine Police schließt alles ein – nur nicht höhere Gewalt, und das bedeutet Blitzschlag oder Überschwemmung.“

„Er ist hinreichend versichert“, erzählte Cramers Freund einem andern Freund.

Viele Leute waren nach Haus gegangen, und die übrigen waren im Begriff aufzubrechen. Die Reiter fuhren ab und sangen dabei: „Der gute König Wenzel ...“, und die Missionsboys liefen die Straße hinab und sangen: „Freut euch, ihr wackern Christenleut!“

Es war gegen Mitternacht und immer noch sehr heiß. Die Tabakpflanzer schlugen eine Fahrt zu den Fällen vor, wo es kühl wäre. Cramer und die Fanfarlo schlossen sich uns an, und wir rumpelten über den holprigen Weg von Cramers Garage bis zur Überlandstraße. Dort ist der Fahrdamm nur in Längsstreifen für Autoräder asphaltiert. Wir hörten das Donnern der Fälle, als wir noch etwa zwei Meilen davon entfernt waren.

„Nach all meiner Arbeit für das Spiel und alles übrige!" sagte Cramer.

„Ach, hören Sie auf!" rief die Fanfarlo.

Und gerade da sah ich im Licht unsrer Scheinwerfer noch einmal den Seraph, wie er mit etwa siebzig Kilometern Stundengeschwindigkeit den Asphaltstreifen entlangschwebte, wobei zwei seiner sechs Flügel sich geschwind bewegten, zwei sich über sein Gesicht falteten und zwei seine Füße bedeckten.

„Da ist er!" rief Cramer. „Den bekommen wir noch!"

Wir ließen den Wagen in der Nähe des Hotels stehen und folgten einem Treck durch die dichte Vegetation des Regenwaldes, auf den fortwährend der Gischt der Fälle niederstäubt. Der zarte Sprühregen war wie eine Genesung nach der Fieberglut. Der Seraph war weit voraus, und zwischen den Bäumen konnte ich erkennen, wie seine Hitze den Gischt in Dampf verwandelte.

Wir kamen zum Rand der Felsklippen, wo uns gegenüber und auf der gleichen Höhe der Fluß mit voller Wucht in die Schlucht hinuntertost. Vom Seraph war keine Spur zu sehen. War er tief unten im brodelnden Abgrund – oder wo sonst?

Dann bemerkte ich, daß über dem eine Meile langen Kamm des Wasserfalls der Gischt höher als sonst aufstieg. Ich hielt es für Dampf, den die Hitze des Seraphs hervorgerufen hatte. Ich hatte recht, denn gleich darauf, beim stummen Flackern des Wetterleuchtens, sahen wir ihn über den Sambesi ziehen, fort von uns, zwischen den Felsen hindurch, die wie Krokodile aussehen, und zwischen Krokodilen hindurch, die wie Felsen aussehen.

LORD DUNSANY

Das Weihnachtsessen

Es war am Weihnachtsabend im Billardklub, und das Gespräch drehte sich um Gespenster.

„Haben Sie schon mal ein Gespenst gesehen, Jorkens?" fragte einer.

„Ein Gespenst?" meinte Jorkens. „Nicht so einfach, das zu sagen. Gespenster haben so etwas Verschwommenes an sich, und dann erscheinen sie ja auch immer bei undeutlicher Beleuchtung."

„Haben Sie denn mal etwas gesehen, was beinah wie ein Gespenst aussah?" fragte Terbut.

„O ja", sagte Jorkens, „allerdings! Ich bin noch heute überzeugt, daß es eins war. Aber ganz sicher ist man da nie. Es war, wie ich mich erinnere, an einem Weihnachtstag, und die Aussicht auf ein gutes Weihnachtsessen schien, wie's mir damals ging, recht schwach, um es milde auszudrücken. Erwägungen finanzieller Art, auf die ich hier nicht näher eingehen möchte, machten mir nur zu klar, daß von Weihnachtsessen keine Rede sein konnte. Wenigstens nicht, was man in damaligen Zeiten unter Weihnachtsessen verstand. Höchstens ein kleines Hammelkotelett und ein bißchen

Käse. Mehr in der Art wie heutzutage. Ich hatte aber mein altes Gewehr, und ich kannte ein Moor, eine richtige Sumpfwildnis, wo niemand jagte. Und in der Nähe lag ein Dörfchen, Egrindune hieß es – ich weiß nicht, ob Sie es kennen? Und in dem Dorf war das Wirtshaus *Zum Grünen Mann.* Ich dachte also, wenn ich im Moor ein paar Wildenten fände, könnte ich mir eine im Wirtshaus braten lassen und die übrigen gegen andere Sachen eintauschen. Vielleicht wäre sie zäh gewesen, aber das war mir damals ganz egal. Ich nahm mir also für eine Nacht ein Zimmer im *Grünen Mann.* Das gestattete die finanzielle Lage – das und nicht mehr.

Ich trank ein Gläschen mit dem Wirt, um ein wenig zu horchen, und er erzählte von den Enten, die's dort im Moor geben soll. Aber vor allem erzählte er mir von einem Gespenst, das in der Gegend spukt und sich manchmal im Schloß Egrindune zeigt, weil einer von den früheren Lord Egrindunes im fünfzehnten Jahrhundert ihm mal etwas zuleide getan hatte.

Der alte Lord Egrindune stand während des Krieges zwischen Lancaster und York auf der verkehrten Seite, wie das Gespenst behauptete. Und nun spukt es jedes Jahr zu Weihnachten auf Schloß Egrindune, denn zu der Zeit sei ihm Unrecht geschehen, behauptete es. Und seitdem, erzählte der Wirt, hält jeder Lord Egrindune zu Weihnachten für das Gespenst einen Platz an der Weihnachtstafel frei. Ich rief: ‚Einen Platz an der Weihnachtstafel! Wenn ich doch das Gespenst wäre!' – ‚Ein nasskalter Beruf', meinte der Wirt und berichtete, daß das Gespenst im Sumpf hause, in jener Wildnis, die ich im Auge hatte."

„Am Weihnachtstag wollten Sie jagen?" fragte Terbut.

„Gott behüte!" antwortete Jorkens.

„Sie sagten doch, Sie hätten Ihre Flinte und wollten auf Enten gehen?"

„Das ist doch nicht dasselbe wie schießen", rief Jorkens. „Man kann doch keinen Menschen als Mörder verurteilen, bloß weil er ein Gewehr bei sich trägt! Sie als Rechtsanwalt müßten das eigentlich wissen, Terbut. – Nein, ich bekam keine Ente zu Gesicht – also bitte, Schluß mit Ihren leichtfertigen Verdächtigungen! Ich bekam keine zu Gesicht. Ganz in der Ferne hörte ich sie wohl, als es dunkler und kälter wurde, aber ich kam nicht zu Schuß. Ich blieb noch, nachdem alle kleineren Vögel schon im Nest, nachdem die Raben zurück und nachdem alle Enten eingefallen waren – aber keine in meiner Nähe, wohlverstanden! Ich blieb, weil ich hungrig war. Ich blickte westwärts und es war nur noch ein ganz klein bißchen hell am Himmel, und überhaupt kein Büchsenlicht mehr. Also kam ich aus meinem Schilfdickicht hervor und streckte meine vor Kälte ganz steif gewordenen Beine. Nein, eine Ente habe ich nicht bekommen. Aber ich sah das Gespenst. Wenigstens hatte ich den Eindruck. Es war eine graue Gestalt, die mit der hereinbrechenden Nacht immer größer und dichter wurde. Zuerst sah ich nur die Umrisse, und sie stimmten genau mit dem überein, was mir der Wirt erzählt hatte. Und da man Gespenster ja immer zuerst ansprechen muß, fragte ich, was es da mache. Es gab zur Antwort, daß es zu dieser Jahreszeit im Schloß Egrindune zu spuken pflege. Es sprach mit einer dünnen, zischelnden Stimme, die fast unterging im Klagen der Rohrdommeln und anderen Geräuschen in jener gottverlassenen Gegend.

‚Warum spuken Sie dort?' fragte ich.

‚Wegen einer alten Untat', schnarrte die Stimme.

Übrigens hatte das Gespenst eine merkwürdige Gewohnheit: unter dem linken Arm trug es seinen Kopf. Warum, weiß ich nicht. Eigentümlich, so mit einem Menschen, oder was es sonst war, zu sprechen. Aber schließlich ist in der Dämmerung an solchen trübseligen Orten alles seltsam, wenn man da ganz allein ist und nur die Stimmen der Öde um einen herum.

‚Und was machen Sie hier?' fragte das Gespenst.

Es zu verstehen oder zu erkennen war gar nicht so einfach, aber wenn man Auge und Gehör und Einbildungskraft anstrengte, dann ging's."

„Einbildungskraft?" fragte Terbut höhnisch.

„Natürlich", antwortete Jorkens. „Man sah ja fast nichts.

Ich erwiderte also: ‚Ich suche mir etwas zu essen.' – Und da sagte es: ‚Gehen Sie doch nach Schloß Egrindune! Sagen Sie, Sie seien mein Freund und dann bekommen Sie ein gutes Weihnachtsessen. Mir halten sie dort immer einen Platz frei – schon seit Jahrhunderten.'

‚Um wieviel Uhr wird dort gegessen?'

‚Acht Uhr fünfzehn', antwortete es.

Das konnte ich gerade noch schaffen.

‚Aber was soll ich nur sagen?' wandte ich ein.

‚Sagen Sie nur, ein Freund vom dritten Lord Egrindune habe Sie geschickt. Das verstehen sie.'

‚Freund? Wissen Sie denn, wer das ist?' fragte ich, denn ich wollte natürlich ganz sicher gehen, ehe ich da so zum Essen hereinschneite.

‚Tja, Freund ist vielleicht nicht gerade der richtige Ausdruck', sagte das Gespenst. ‚Aber sie verstehen's schon.'

‚Was für ein Band bestand denn zwischen Ihnen?'

‚Schändlicher Mord!' rief das Gespenst.

Bedenken Sie aber bitte, daß ich Ihnen hier nur die Ansicht des Gespenstes wiedergebe. Wahrscheinlich nichts als ein Vorurteil. Solche Gespenster reiten nämlich ewig auf einem einmal gefaßten Vorurteil herum. Die Familie Lord Egrindunes ist vermutlich ganz anderer Ansicht. Reizende Leute übrigens.

Schön, ich ging also von dannen, so schnell ich konnte, um mein Weihnachtsessen zu bekommen. Ein kleiner Wind hatte sich aufgemacht und das Gespenst verlor sich in Nebelschleiern und Sumpfgeraune und Schilfrascheln. Ich kam unangefochten aus dem Moor heraus, obwohl es schon sehr dunkel war, und ging zurück zum *Grünen Mann.* Zum Glück hatte ich meinen Frack mitgebracht. Man kann nie wissen, ob man ihn nicht doch mal braucht. Im *Grünen Mann* hatten sie einen alten Wagen, der brachte mich gerade noch rechtzeitig zum Essen nach Schloß Egrindune.

Ich läutete und der Butler erschien und ich sagte:

‚Ein Freund vom dritten Lord hat mich geschickt.'

‚Wollen Sie – etwa – behaupten –' stotterte er.

‚Ja', sagte ich.

‚Dann –' stammelte er.

‚Er hat mir seinen freien Platz überlassen', sagte ich.

,Wie sah er aus?' fragte er.

Ich beschrieb ihn.

,Wie er leibt und lebt!' rief der Butler und führte mich in den Salon.

Da saßen sie alle, der siebzehnte Lord Egrindune und seine Familie, und warteten aufs Essen, und der Butler meldete: ,Ein Herr, den der Freund vom dritten Lord geschickt hat!'

Wir gingen ins Esszimmer, und da war der freie Platz. Man konnte sich gar nicht täuschen, es war ein alter verblichener Gobelinstuhl, auf dem seit Jahrhunderten keiner mehr gesessen hatte. Ich ging geradewegs darauf zu und setzte mich, und Lady Egrindune und eine ihre Töchter setzten sich rechts und links von mir. Wir unterhielten uns über die Jagd, aber eigentlich interessierten sie sich nur für eine einzige Sache, und sowie ich das merkte, erzählte ich ihnen alles, was ich wußte.

,Sah Ihr Freund sehr beleidigt aus?' fragte Lady Egrindune.

Das war das einzige, was sie interessierte. Nun bekam ich ja ein wirklich ausgezeichnetes Weihnachtsessen, und ich will es Ihnen nicht näher beschreiben, denn es macht melancholisch, wenn man heutzutage an solche Essen zurückdenkt. Jedenfalls hätte es nicht besser sein können, und sie waren alle sehr liebenswürdig. Darum sagte ich, daß das Gespenst nicht allzu beleidigt ausgesehen habe – eher so, als ob es bald alles vergeben und vergessen würde.

,Bald?' riefen Lady Egrindune und ihre Töchter wie aus einem Munde.

‚Nun, ich meine, was Gespenster bald nennen.'

‚Wie bald?' fragte Lady Egrindune.

‚Vielleicht so etwa in hundert Jahren', meinte ich.

Da waren sie hocherfreut, denn für einen Fluch sind hundert Jahre natürlich eine Kleinigkeit, vor allem, wo ihre Familie schon seit fünfhundert Jahren darunter zu leiden hatte. Sie freuten sich so sehr, daß sie mich nach dem Essen baten, länger bei ihnen zu bleiben; es sei bestimmt ein Gastzimmer frei. Aber ich antwortete, daß mein Freund mich vielleicht abholen käme, und solche Leute brechen gewöhnlich früh auf. Vor dem ersten Hahnenschrei aus dem Bett, das sei mir denn doch zu früh. Also bedankte ich mich, verabschiedete mich von allen und ging wieder in den *Grünen Mann.*"

Terbut warf Jorkens einen giftigen Blick zu.

ROLF KRENZER

Torsten und der Weihnachtsmann

Alle haben den Weihnachtsmann schon einmal gesehen. Oma und Opa, Tante Trude und Onkel Rainer. Und Mama und Papa natürlich auch.

Nur Torsten nicht.

„Wo wohnt der Weihnachtsmann?" fragt Torsten die Oma.

„Im Weihnachtswald" sagt die Oma.

Und wie soll Torsten zum Weihnachtswald kommen?

„Er wohnt in Rußland" sagt der Opa. „Aber das ist so weit, daß er nur einmal im Jahr zu uns kommen kann!"

„Und er hat so viel zu tun, daß du ihn leider nicht sehen kannst!" meint Tante Trude.

„Er hat bestimmt Zeit für mich!" sagt Torsten tapfer. „Ich muß ihn nur finden!" Beim Abendessen erzählen Mama und Papa von den Leuten, die in das Haus am Ende der Straße gezogen sind. Aussiedler aus Rußland, die jetzt für immer hier wohnen werden.

Die Eltern erzählen sich oft viel, von dem Torsten nichts

versteht. Und meistens hört er auch gar nicht zu. Als aber von Rußland die Rede ist, da spitzt er doch die Ohren.

„Aus Rußland?“ fragt er.

Papa nickt.

„Ist der Weihnachtsmann auch dabei?“ fragt Torsten.

Da lachen Mama und Papa, und Mama schüttelt den Kopf. „Ganz bestimmt nicht Torsten!“ sagt sie.

Vielleicht wissen es Mama und Papa nur nicht, denkt Torsten und nimmt sich vor, doch lieber einmal genauer aufzupassen, wer alles in dem Haus wohnt. Torsten darf morgens schon ganz allein zu dem Bäckerladen an der Ecke gehen. Er braucht nicht über die Straße und kann immer auf dem Bürgersteig bleiben. Manchmal holt Torsten Brötchen oder Stückchen. Manchmal auch Milch oder Käse. In dem Bäckerladen gibt es alles, was Mutti ihm auf den Zettel schreibt. Torsten ist stolz, daß er bereits so groß ist und allein einkaufen kann. Und Mutti ist stolz auf Torsten.

Als Torsten am nächsten Morgen zum Einkaufen geht, läuft er am Bäckerladen vorbei bis zu dem Haus am Ende der Straße. Aber er sieht keinen, der dort wohnt. Auch am nächsten Morgen trifft er nur Frau Schnell und die alte Oma Bröckelmann, die jeden Morgen zwei Stück Kuchen kauft.

Aber als er am dritten Morgen gerade aus dem Bäckerladen kommt, da sieht er den Weihnachtsmann ein paar Häuser weiter. Er geht langsam und gebückt und hat einen dicken Mantel an und eine altmodische Mütze auf dem Kopf. Ja, das muß der Weihnachtsmann sein! denkt Torsten, wenn er sich auch ein bißchen über die Plastiktüte wundert, mit der sich der Weihnachtsmann abschleppt. Auf den Bildern in seinem Bilderbuch hat der Weihnachtsmann immer einen Sack.

Mit den Brötchen, der Butter und der Teewurst in seinem kleinen Einkaufskorb rennt Torsten sogleich hinter dem Weihnachtsmann her. Und es stört ihn gar nicht, daß das Wechselgeld in seinem Korb dabei leise klingelt; wenn es hin und her geschleudert wird.

„Hallo, Weihnachtsmann!" ruft Torsten und versucht, den alten Mann einzuholen. Als er ganz nahe ist, packt er ihn hinten am Mantel fest.

„Hallo, Weihnachtsmann!" sagt er noch einmal, als der Mann stehenbleibt und sich nach ihm umdreht.

„Hm?" fragt der Mann und spricht etwas in einer Sprache, die Torsten nicht versteht. Und besonders freundlich sieht er auch nicht aus.

„Kommst du aus Rußland?" fragt Torsten mutig und blickt dem alten Mann ins Gesicht. Eigentlich hat er sich den Bart des Weihnachtsmanns ganz anders vorgestellt. Nicht so schwarz und zottelig, sondern lang und weiß mit vielen zarten Locken.

„Rrrrrußland!" sagt der Mann und rollt das Wort richtig aus, so wie es Torsten noch nie in seinem Leben gehört hat. Das kann nur der Weihnachtsmann sein!

Aber was kann man dem Weihnachtsmann jetzt noch sagen? Torsten überlegt krampfhaft und ist richtig froh, daß ihm plötzlich das Lied wieder einfällt, was er erst kürzlich dem Nikolaus vorgesungen hat.

Dem Nikolaus hat es gefallen. Und vielleicht gefällt es auch dem Weihnachtsmann.

So stellt Torsten seinen Korb an den Gartenzaun, greift mit beiden Händen nach den Händen des Weihnachtsmanns und beginnt mit zittriger Stimme zu singen:

„Laßt uns froh und munter sein und uns recht von Herzen freun!"

Zuerst blickt ihn der alte Mann verwundert an. Dann huscht ein Lächeln über sein Gesicht. Und dann nickt er dem kleinen Jungen freundlich zu und stampft mit seinen Füßen den Takt zu dem Lied.

Torsten kann nur eine Strophe des schönen Liedes. Aber er singt sie gleich zweimal, weil er so glücklich ist, daß er endlich den Weihnachtsmann gefunden hat.

Als er fertig ist, streicht ihm der alte Mann über das Haar. Und da sieht Torsten, daß er Tränen in den Augen hat. Tränen wie Oma sie in den Augen hatte, als Torsten ihr letzten Monat das Geburtstagslied zum Geburtstag vorgesungen hat.

Er hatte es mit Mutti extra für Omas Geburtstag gelernt.

„Gutt! Gutt!" sagt der Weihnachtsmann schließlich und greift mit seiner Hand in die Plastiktasche. Er holt einen dicken Apfel heraus und schenkt ihn Torsten.

„Danke, Weihnachtsmann!" sagt Torsten und strahlt. So steht er lange da mit dem Apfel in der Hand und blickt dem alten Mann nach, der jetzt mit langsamen Schritten und der Plastiktüte in der Hand auf das letzte Haus in der Straße zugeht.

Dann nimmt Torsten seinen Korb und rennt so schnell

er kann nach Hause. „Ich habe den Weihnachtsmann getroffen!“ ruft er glücklich.

Und als Mama ihn ganz komisch anblickt und anscheinend nichts, aber auch gar nichts versteht, greift er in seinen Korb und hält ihr den Apfel hin.

„Den hat er mir geschenkt, Mama!“ schreit er. „Der Weihnachtsmann!“

„Gibt es einen Weihnachtsmann?“

Viriginia O'Hanlon stellte folgende Frage an den Chefredakteur der „Sun“ im Jahre 1897. Die Antwort, die der Kolumnist Francis P.Church gab, wurde so berühmt, daß sie bis zur Einstellung der Zeitung Jahr für Jahr wieder veröffentlicht wurde. Wiederentdeckt wurde die Geschichte von Rolf R. Bigler, der sie im deutschen Sprachraum populär machte. Sie erscheint Jahr für Jahr in der Weihnachtsausgabe der „Welt am Sonntag“. Und wir verdanken ebenso Gerhard Tötschinger, dass diese Geschichte nicht in Vergessenheit gerät.

Die Frage der kleinen Virginia:

„Ich bin acht Jahre alt. Einige meiner Freunde sagen, es gibt keinen Weihnachtsmann. Papa sagt, was in der ‚Sun' steht, ist immer wahr. Bitte, sagen Sie mir: Gibt es einen Weihnachtsmann?“

Die Antwort von Francis P. Church:

„Virginia, Deine kleinen Freunde haben nicht recht. Sie sind angekränkelt vom Skeptizismus eines skeptischen Zeitalters. Sie glauben nur, was sie sehen: Sie glauben, daß es nicht geben kann, was sie mit ihrem kleinen Geist nicht erfassen können. Aller Menschengeist ist klein, Virginia, ob er nun einem Erwachsenen oder einem Kind gehört. Im Weltall verliert er sich wie ein winziges Insekt. Solcher Ameisenverstand reicht nicht aus, die ganze Wahrheit zu erfassen und zu begreifen.

Ja, Virginia, es gibt einen Weihnachtsmann. Es gibt ihn so gewiß wie die Liebe und die Großherzigkeit und die Treue. Und du weißt ja, daß es all das gibt, und deshalb kann unser Leben schön und heiter sein. Wie dunkel wäre die Welt, wenn es keinen Weihnachtsmann gäbe! Sie wäre so dunkel, als gäbe es keine Virginia. Es gäbe keinen Glauben, keine Poesie – gar nichts, was das Leben erst erträglich machte. Ein Flackerrest an sichtbarem Schönen bliebe übrig. Aber das ewige Licht der Kindheit, das die Welt erfüllt, müßte verlöschen.

Es gibt einen Weihnachtsmann, sonst könntest Du auch den Märchen nicht glauben. Gewiß, Du könntest Deinen Papa bitten, er solle an Heiligabend Leute ausschicken, den Weihnachtsmann zu fangen. Und keiner von ihnen bekäme den Weihnachtsmann zu Gesicht – was würde das beweisen?

Kein Mensch sieht ihn einfach so. Das beweist gar nichts. Die wichtigsten Dinge bleiben meistens Kindern und Erwachsenen unsichtbar. Die Elfen zum Beispiel, wenn sie auf

Mondwiesen tanzen. Trotzdem gibt es sie. All die Wunder zu denken – geschweige denn sie zu sehen –, das vermag nicht der Klügste auf der Welt.

Was Du auch siehst, Du siehst nie alles. Du kannst ein Kaleidoskop aufbrechen und nach den schönen Farbfiguren suchen. Du wirst einige bunte Scherben finden, nichts weiter. Warum? Weil es einen Schleier gibt, der die wahre Welt verhüllt, einen Schleier, den nicht einmal die größte Gewalt auf der Welt zerreißen kann. Nur Glaube und Poesie und Liebe können ihn lüften. Dann werden die Schönheit und Herrlichkeit dahinter auf einmal zu erkennen sein. ‚Ist das denn auch wahr?‘ kannst Du fragen. Virginia, nichts auf der ganzen Welt ist wahrer und nichts beständiger.

Der Weihnachtsmann lebt, und ewig wird er leben. Sogar in zehnmal zehntausend Jahren wird er da sein, um Kinder wie Dich und jedes offene Herz mit Freude zu erfüllen.“

Frohe Weihnachten, Virginia! Dein Francis Church

Quellenverzeichnis

Benjamin, W.: *Ein Weihnachtsengel.* Aus: Ders.: Berliner Kindheit um 1900. © Suhrkamp Verlag, Frankfurt am Main 1950

Bigler, L. J.: *Merry X-mas.* Copyright © beim Autor

Buzzati, D.: *Zuviel Weihnachten.* Aus: Vom Engel, der nicht singen wollte. Die schönsten Weihnachtslegenden. Hrsg. von Dietrich Steinwede. Gütersloh: Gütersloher Verlagshaus Mohn, 1980, 346–352. Seiten im Original: 74–79. © Ingrid Parigi, Bergamo

Chudožilov, P.: *Zu viele Engel. 19 absolut wahre Geschichten.* Aus dem Tschechischen von Susanna Roth. Mit Bildern von Reinhard Michl. © 1994 Carl Hanser Verlag, München – Wien

Curch, F. P.: *Gibt es einen Weihnachtsmann?* Zum erstenmal veröffentlicht am 20. Dezember 1897 in der Zeitung „The Sun". Die Geschichte wurde von Rolf R. Bigler für den deutschen Sprachraum wiederentdeckt. Sie erscheint jährlich in der Weihnachtsausgabe der „Welt am Sonntag".

Dunsany, L.: *Das Weihnachtsessen.* Aus: Mehr Weihnachtsgeschichten. Aus dem Englischen von Elisabeth Schnack. Copyright © 1990 Diogenes Verlag AG, Zürich

Erzherzog Johann: *Aus dem Tagebuch des Erzherzog Johanns von Österreich.* Ebd.

Kästner, E.: *Felix holt Senf.* Aus: Ders.: Das Schwein beim Friseur und andere Geschichten. Copyright © by Atrium Verlag Zürich

Klein, U.: *Erwartung.* © bei der Autorin

Knellwolf, U.: *Die Geschichte vom Engel an der Himmelstüre.* Aus: Ders.: Der liebe Gott geht auf Reisen. Weihnachtsgeschichten. © Nagel & Kimche im Carl Hanser Verlag, München-Wien

Komarek, A.: *Der gefallene Weihnachtsengel.* Erstabdruck: Edition Hilger, Wien 1979

Krenzer, R.: *Torsten und der Weihnachtsmann.* © Rolf Krenzer, Dillenburg

Lernet-Holenia, A.: *Österreichische Weihnachtslegende.* Aus: Das Bad an der belgischen Küste. © Alexander Dreihann-Holenia

Pagnol, M.: *Merlusse.* Aus: Der leuchtende Baum. Verlag Philipp Reclam jun. Leipzig 1957

Rosendorfer, H.: *Winterliches Choas.* Aus: Ders.: Eichkatzelried. © 1979 by nymphenburger in der F. A. Herbig Verlagsbuchhandlung GmbH, München

Santucci, L.: *Ein Schuh.* Aus: Ders.: Esel, Weinkrug und Sandalen. Aus dem Italienischen von Eckart Peterich. 1956 Walter Verlag Olten/Freiburg

Saroyan, W.: *Drei Tage nach Weihnachten.* Copyright © 1950 by The William Saroyan Foundation. Permission by Mohrbooks AG, Zürich

Sedlmayr, H.: *Weihnachten.* Aus: Ders.: Das goldene Zeitalter. Eine Kindheit. © Piper Verlag GmbH, München 1986

Spark, M.: *Der Seraph und der Sambesi.* Aus: Dies., Meistererzählungen. Aus dem Englischen von Peter Naujack und Elisabeth Schnack. Copyright © 1996 Diogenes Verlag AG, Zürich

Thoma, L.: *Heilige Nacht.* Aus: Ders.: Gesammelte Werke, Bd. 1, München: Piper, ohne Jahr

Timperley, R.: *Weihnachtsbegegnung.* Aus: Roald Dahl, Roald Dahls Buch der Schauergeschichten. Copyright für die deutsche Übersetzung von Ilse Strasmann © 1985 by Rowohlt Verlag GmbH, Reinbek bei Hamburg

Tötschinger, G.: *Gedanken nach einer Weihnachtsgeschichte von Erich Kästner.* © beim Autor

Anmerkung des Verlages:
Wir danken den Verlagen und Rechteinhabern für die Erteilung der Abdruckgenehmigungen. Bei einigen Texten war es trotz gründlicher Recherchen nicht möglich, die Inhaber der Rechte ausfindig zu machen. Honoraransprüche bleiben bestehen.